NATAÇÃO

Steve Tarpinian

NATAÇÃO

Um guia ilustrado de aperfeiçoamento de técnicas e treinamento para nadadores de todos os níveis

Tradução
Selma Ziedas

São Paulo
2007

Copyright © 1996 by Steve Tarpinian
Published by The Globe Pequot Press

1ª EDIÇÃO, EDITORA GAIA, 2007

Diretor Editorial
JEFFERSON L. ALVES

Diretor de Marketing
RICHARD A. ALVES

Gerente de Produção
FLÁVIO SAMUEL

Coordenadora Editorial
RITA DE CÁSSIA SAM

Assistente Editorial
ANA CRISTINA TEIXEIRA

Revisão
LUICY CAETANO
JOÃO REYNALDO DE PAIVA

Capa
EDUARDO OKUNO

Foto de Capa
HENRY ARDEN/ZEFA/CORBIS/LATINSTOCK

Projeto Gráfico
REVERSON R. DINIZ

Ilustrações
AVELINO GUEDES

Dados Internacionais de Catalogação na Publicação (CIP)
(Câmara Brasileira do Livro, SP, Brasil)

Tarpinian, Steve
   Natação : um guia ilustrado de aperfeiçoamento de técnicas e treinamento para nadadores de todos os níveis / Steve Tarpinian ; tradução Selma Ziedas. – São Paulo : Gaia, 2007.

   Título original: The essential swimmer
   ISBN 978-85-7555-129-5

   1. Natação – Treinamento I. Título

07-6183   CDD-797.2107

Índices para catálogo sistemático:

1. Natação : Aprendizagem : Esporte   797.2107
2. Natação : Treinamento : Esporte   797.2107

Direitos Reservados

EDITORA GAIA LTDA.
(pertence ao grupo Global Editora
e Distribuidora Ltda.)

Rua Pirapitingüi, 111-A – Liberdade
CEP 01508-020 – São Paulo – SP
Tel.: (11) 3277-7999 – Fax: (11) 3277-8141
e-mail: gaia@editoragaia.com.br
www.globaleditora.com.br

Colabore com a produção científica e cultural.
Proibida a reprodução total ou parcial desta obra
sem a autorização do editor.

Nº DE CATÁLOGO: **2778**

À memória de meus avôs:
Nishan Tarpinian e Nascenzio Russo

AGRADECIMENTOS

Gostaria de agradecer a minha irmã mais velha, Helen, especialmente porque foi o interesse dela em natação que levou minha segunda irmã, Marian, e depois eu mesmo, ao esporte da natação. E a Marian, cujo entusiasmo por minha vida e projetos sempre me ajudou através dos tempos difíceis. A meus pais, Marianna e Richard, por me levarem por mundos e fundos à prática da natação (geralmente duas vezes ao dia) e a competições (geralmente todo fim de semana). Eles provavelmente devem ter pensado que eu acabaria desistindo de nadar, mas agora percebem que estou nisso para o que der e vier. Os dois nadam para manter a forma e recentemente minha mãe até se juntou a uma de minhas academias de natação!

Gostaria de poder agradecer pelo nome a todos os nadadores que já treinei. Todos eles contribuíram para meu conhecimento sobre natação e para minhas habilidades como treinador.

Agradecimentos especiais para amigos como Josef Mittlemann, Diane Trabulsi e David Mayer, por me ajudarem a realizar e criar algumas das idéias deste livro. Aos meus companheiros triatletas, por sua constante boa vontade em ajudar e treinar comigo: Ron Shuler, Steve McNight, Chris Pfund, Brian Brett, Pete Slattery, Helen Cane, Cathy Ziti, Christine Messina, Tom e Annette Macniven, Gerry Cassel e John Lindros.

A Aaron Mattes, M.S., R.KT., L.M.T., por sua ajuda com o capítulo sobre flexibilidade e a Tami L. Marugg, M.S., L.M.T., por sua contribuição no que diz respeito a nutrição.

Ao meu assistente Roger Hughes, por sua habilidade como treinador e nadador. A John Hanc e seu *The Essential Runner*. A Peter Burford e a minha perspicaz editora Amy Young, por perceberem minha visão para este livro e compartilharem dela.

Finalmente, a um dos melhores treinadores de natação, Dave Ferris. Ele me treinou durante todos os meus tempos mais velozes e me mostrou a verdade que eu já sabia: "Natação é um esporte de gente que pensa". Obrigado, Dave.

SUMÁRIO

Prefácio   11

1. Natação   13
2. Técnicas de nado livre   17
3. Aperfeiçoamento da técnica de nado livre   33
4. Exercícios, exercícios, exercícios   41
5. Nado de peito, nado de costas e nado borboleta   49
6. Auxiliares de natação   61
7. Preparação de um programa de treinamento   69
8. Dicas práticas de natação   81
9. Treinamento de flexibilidade   91
10. Treinamento de força   97
11. Nutrição   101
12. Treinamento cruzado   105

Glossário   107

Apêndice A: Lesões causadas pela natação   111

Apêndice B: Instruções para fazer um "banco sueco"   113

Apêndice C: Sugestões de leitura   115

Apêndice D: Organizações   119

PREFÁCIO

Este livro é dirigido tanto aos que nadam para manter a boa forma quanto àqueles que competem. É também produto de minha frustração como treinador por não conseguir recomendar um único e simples livro que explique em palavras simples os princípios do aprimoramento do nado.

Há duas partes essenciais em um programa eficaz de natação: técnica e treinamento. Vou-me dirigir primeiro à técnica porque é a base de tudo. Começar a treinar antes de abordar a técnica não é uma boa idéia. É o mesmo que pôr o carro adiante dos bois, isto é, qualquer falha que você apresente se tornará mais arraigada ao treinar. Você pode até perceber uma certa melhora com o treinamento feito antes, mas, no final das contas, vai-se ver limitado por essa técnica. Ao mesmo tempo, não importa quão avançada seja sua técnica de nadar, o aprimoramento é sempre uma possibilidade — em muitos casos, necessidade, caso queira alcançar um nível competitivo e evitar lesões corporais. Por meio da técnica de instrução prática e ilustrações passo a passo, este livro lhe permite corrigir as braçadas e chegar ao objetivo que deseja atingir.

Uma vez que se domine uma boa técnica, os exercícios adequados se tornam exponencialmente mais eficazes. Esses exercícios misturam treinos de braçadas, de impulsos e de conjuntos de intervalo, que juntos tornarão o treinamento mais eficaz e divertido. Além de técnica e treinamento, *Natação* também aborda outros assuntos relacionados ao esporte, tais como equipamentos, nado em águas abertas e competitivo, flexibilidade e treinamentos de força, nutrição e nado cruzado.

Minhas experiências com natação começaram há vinte anos, numa época em que tinha pavor mortal da água. Meu pai conta melhor a história. Eu devia ter uns cinco anos e a família estava em Lake Champlain. Eu ficava à beira da água, com medo até de molhar os pés por causa das "ondas". Essas ondas eram pequenas ondulações de quatro ou cinco centímetros! Felizmente, meus pais e irmãs eram muito compreensivos e, dentro de poucos anos, comecei a me sentir confortável dentro da água. Desde então, mantenho meu respeito pela água. Como salva-vidas de praia, já tive muitas oportunidades de ver o poder da água e perceber que um pouquinho de medo e cuidado — visto de maneira positiva — só melhora a experiência da natação. Meu avô era um homem de poucas palavras, mas tinha algumas tiradas incisivas sobre o que se deve temer. Ele dizia: "Sempre respeite a água, o fogo e o vapor".

Já trabalhei com alguns treinadores excelentes, li muitos livros, estudei diversos vídeos e agora quero dividir com você as estratégias de natação mais eficazes. Esses princípios e exercícios provaram ser eficientes pelo sucesso de nossos nadadores na Total Training Swim Clinics e pelas pessoas que fizeram uso de nosso vídeo *Swim Power* para aprimorar tanto seu divertimento quanto seu desempenho na água. Você e eu compartilhamos duas coisas: interesse pela natação e desejo de melhorar. Obrigado por me acompanhar; sinto-me honrado por você ter me escolhido como seu treinador.

1. NATAÇÃO

História

Você pode pensar que natação é uma habilidade humana menos natural do que andar ou correr, mas, na verdade, nadar é mais antigo em nossa evolução do que caminhar. Uma vez que evoluímos dos peixes (você sabia que os embriões ainda possuem guelras?), temos grande potencial para nos sentir confortáveis dentro da água. Se o ambiente aquático lhe parece estranho, lembre-se de onde veio e tenha um pouco de confiança. Se o medo da água é uma preocupação, então sugiro que você comece bem devagar — talvez até mesmo ficando simplesmente na parte rasa da piscina em sua primeira aula de natação. Qualquer coisa serve para começar a relaxar na água. Uma boa aula comunitária de natação com outras pessoas geralmente ajuda. Apenas certifique-se de que o instrutor seja sensível aos seus medos.

A prova mais antiga de que o homem (o mamífero) é um nadador vem de desenhos em cavernas, datados de 9.000 a.C., descobertos no Oriente Médio. Esses desenhos mostram pessoas nadando em um estilo meio parecido com o nado de peito. Nas antigas Grécia e Roma, a natação fazia parte regular do treinamento militar.

As piscinas específicas para competição só foram construídas por ocasião dos Jogos Olímpicos de 1908, em Londres. Até então, a natação era especialmente uma atividade de recreação; praticavam-se o nado de peito, o nado de lado e o nado de costas. Algumas competições — principalmente o nado de lado — eram realizadas em águas abertas, tais como portos. Numa competição de nado de lado nos anos 1800, para surpresa geral e choque dos competidores e juízes, um nadador começou a tirar um braço para fora da água enquanto fazia o nado de lado. Como não havia nenhuma regra dizendo que não se podia tirar o braço para fora da água, esse nadador inventivo venceu facilmente, criando uma nova braçada chamada "trudgen", termo originado do nome de J. Trudgen, o nadador inglês que a introduziu, copiando incorretamente um estilo indígena norte-americano. Um impulso de pernas ou "pernada" para cada braçada foi chamado trudgen simples; duas pernadas para cada braçada foi chamado trudgen duplo. Esse fato estabeleceu precedente para outras inovações na natação. Finalmente, o trudgen se sobrepôs à pernada de sapinho (nado de peito e nado lateral), favorecendo a pernada de tesoura e usando ambos os braços alternadamente. Essa nova braçada foi popularizada pelos australianos e chamou-se "crawl" australiano.

O chamado "nado livre" permite nadar qualquer um dos estilos que você quiser. Uma vez que o crawl australiano é o mais rápido, o *nado livre* e o *crawl* se tornaram sinônimos. Para ser consistente, vou-me referir ao crawl como "nado livre" neste livro. Tanto para a competição quanto para a boa forma, o nado livre é hoje a braçada mais popular e mais largamente praticada. Por essa razão, este livro focaliza primeiramente este estilo.

Como se pode ver, desde o começo da história da natação esse tem sido um esporte de rápidas mudanças. Uma inovação muito interessante no nado livre surgiu quando um nadador fez uma virada rápida numa competição. As regras dessa época diziam que era preciso tocar a parede com a mão para virar. Ele simplesmente roçou a mão pela parede e virou. Com o passar do tempo, as regras foram mudadas para permitir um toque sem mãos (apenas com os pés). Essa mudança tornou os recordes de nado livre mais rápidos, por causa do tempo economizado ao usar os pés em vez das viradas "abertas" (há mais sobre o assunto no capítulo 2).

Várias mudanças vêm ocorrendo mais recentemente nas "braçadas-extras", isto é, braçadas que não fazem parte do nado livre. Embora alguns nadadores de lazer ainda pratiquem o nado lateral e o nado de costas elementar, existem apenas quatro braçadas reconhecidas para competição: nado livre, nado de costas, nado de peito e borboleta ou butterfly. O borboleta costumava ser praticado com a pernada do nado de peito; depois um nadador o fez com uma pernada de golfinho; isso mudou toda a braçada, tornando-a mais rápida. Depois houve um atleta de nado de costas, nos anos 80, que percebeu que podia aumentar a velocidade nadando a primeira volta inteiramente debaixo da água (apenas batendo os pés). Essas são inovações que tornam a natação tão excitante e em constante mutação.

Muitas inovações na tecnologia têm permitido o desenvolvimento da natação. Câmeras submarinas têm ajudado os treinadores a analisar exatamente o que os nadadores fazem para ser tão velozes. Os óculos permitem permanecer na água por mais tempo e enxergar melhor as paredes na hora da volta. Os marcadores eletrônicos de tempo tornaram a determinação da ordem de chegada e dos tempos e recordes mais fácil e precisa.

Recentemente, tive a oportunidade de conhecer o Dr. Marty Hull na Califórnia. Marty é líder no desenvolvimento de produtos para natação que auxiliam os nadadores. Suas nadadeiras Zoomers têm sido usadas por muitos, com resultados incríveis. Sua última invenção, a Máquina Reboque, sem dúvida vai revolucionar o treinamento aquático. Essa máquina reboca o nadador dentro da piscina por meio de um cabo, de modo que ele pode experimentar nadar em velocidades maiores do que pode conseguir atualmente. Essa experiência fornece informações valiosas ao nadador e a seu treinador para que se façam as mudanças necessárias de modo a nadar mais rapidamente.

É interessante notar que muitos nadadores estão voltando a nadar em águas abertas. Seja para treinar, para competir ou apenas para recreação, as águas abertas contêm um elemento de aventura que não se pode encontrar nas piscinas. Você nunca terá problemas de achar uma "raia livre" na praia. No entanto, existem outros fatores para considerar nas águas abertas, tais como barcos, jet skis, surfistas e animais. Nadar em áreas protegidas (com salva-vidas) é a melhor opção. O triatlon é um esporte em crescimento e um de seus maiores apelos é o sentido de aventura e sobrevivência obtido ao nadar em águas abertas.

Seja em águas abertas seja em piscina de quintal, durante o período fora de temporada de um atleta ou o ano todo, estima-se que há mais de 63 milhões de nadadores nos Estados Unidos. Isso explica por que, em qualquer classificação de nível de participação em esportes, a natação está sempre bem cotada.

Benefícios da natação

Por que nadar é tão extraordinário? É um exercício cardiovascular que usa muitos, se não todos, os músculos do corpo. Além de seus principais músculos movimentadores — grande dorsal, deltóides, bíceps, tríceps, peito, quadríceps, tendões da perna, abdominais e costas — a natação utiliza virtualmente todos os músculos de maneira cinergética. Isso leva sangue fresco e nutrientes a todas as áreas do corpo, criando um efeito de fluidez corporal total que remove as toxinas perigosas e ajuda a rejuvenescer virtualmente todo o tecido do corpo. A natação também ajuda a construir seu corpo de modo proporcional — para o Tarzã que há em você. Outros esportes podem lhe dar músculos volumosos, esquisitos e desproporcionais; a constituição física do nadador não é apenas prática, mas também esteticamente agradável.

Diferentemente de correr ou caminhar, a natação é praticamente livre de lesões. Não existe pancada no corpo — todos os movimentos são amortecidos pela água. Muitas pessoas, até atletas de classe mundial, usam as propriedades curativas da água para se recuperarem com êxito de lesões. Essa é uma das razões mais importantes por que as pessoas recorrem à natação. É uma atividade realmente para todas as idades e habilidades — bebês, adolescentes, adultos, idosos, mulheres grávidas, pessoas com dificuldades físicas, pessoas machucadas e pacientes com artrite, todos podem praticar esse esporte. Treinadores, terapeutas e médicos vêm prescrevendo atividades aquáticas cada vez mais.

O ambiente aquático é também muito propício ao relaxamento e alívio do estresse. Você pode fazer uma sessão de natação para fugir dos problemas ou para se concentrar — dependendo do que acontece com você pessoalmente. Muitos nadadores consideram que um bom e longo nado os ajuda a lidar com os desafios da vida. Já tentou se desligar da realidade enquanto caminha pela Quinta Avenida? Quando você nada, não há nenhum barulho, exceto o deslizar da água em volta de sua cabeça. Pessoalmente, creio que todo o meu ponto de vista pode mudar depois de um exercício de natação. Muitas vezes já fui à piscina com certa apreensão, pensando: "Não é disso que preciso"; mas nunca saí da piscina sem me sentir melhor por ter ido. Encaixar em sua rotina um período de natação, por mais curto que seja, sempre vale a pena.

Já que a maioria das piscinas é mantida a uma temperatura entre 21 e 25 °C, esta provoca um ligeiro choque no corpo (que se mantém a 35,3 °C), mas essa é simplesmente uma das razões pela qual não se fica parado numa piscina — você se movimenta. Nada, bate as pernas, pula — qualquer coisa para fazer o sangue circular. Essa estimulação, embora pareça desconfortável a princípio, deve ser vista como um dos benefícios mais maravilhosos da natação. Todos nós precisamos de um pequeno empurrão às vezes.

A natação também pode ser tanto uma tarefa solitária quanto social. Juntar-se a um time de nadadores pode ligá-lo instantaneamente a um grupo de camaradas. Os nadadores mantêm laços únicos — em quantos outros esportes os participantes depilam seus corpos inteiramente para competir? Dividir uma pizza depois de um treino puxado e questionar a sanidade de seu treinador é sempre divertido. As competições de natação permitem a oportunidade de conhecer novas pessoas e trocar idéias sobre treinamento, trabalho, família e vida. De outro modo, nem todos os esportes podem proporcionar os prazeres solitários e meditativos que a natação oferece. Embora toda essa coisa de camaradagem seja ótima, você sempre pode ir para aquela raia lá do fim e ficar em seu próprio mundo. A natação é realmente um esporte que apresenta o melhor de dois mundos.

Apesar do problema em encontrar uma piscina que esteja livre no horário que você quer, a natação é uma atividade sem violência e sem obrigações. As piscinas são comuns nas cidades via clubes, associações e escolas. Um maiô ou calção, uns óculos e talvez uma touca são todo o equipamento de que você vai precisar.

Resumindo, nadar é um grande exercício cardiovascular, praticamente livre de lesões, com grande alívio de estresse e energia potencial, a ser aproveitado com colegas ou em calma solidão, ótimo para assistir (especialmente encontros entre faculdades e triatlons) e mais excitante ainda para competir (especialmente quando inclui a aventura de águas abertas).

2. TÉCNICAS DE NADO LIVRE

No ramo imobiliário, as três palavras-chave são: 1) localização, 2) localização e 3) localização. Na natação, as três palavras-chave são: 1) técnica, 2) técnica e 3) técnica.

Este capítulo é dedicado à técnica do nado livre porque, como foi dito no capítulo 1, o nado livre é o mais praticado entre os quatro maiores estilos de natação. Não somente é o estilo mais rápido e, em muitos casos, o mais fácil, mas muitos princípios de sua técnica podem ser aplicados em outros estilos. Por exemplo, o nado de costas pode ser visto como nado livre praticado de costas. O impulso ou pernada usado no nado de costas é o mesmo utilizado no nado livre, com uma ligeira mudança na relação de força exercida pela parte da frente e de trás das coxas.

O nado borboleta também é similar ao nado livre, pois o nadador executa os mesmos padrões de empuxo com os braços, embora os dois ciclos de braços ocorram simultaneamente no nado borboleta, em vez de alternadamente, como no nado livre. O nado de peito é o que mais diverge do nado livre, mas ainda assim, inclui alguns aspectos da propulsão do nado livre.

Todos os estilos usam a posição corporal alinhada ou aerodinâmica, a expiração com a cabeça dentro da água (exceto no nado de costas) e aquele indefinível "sentir a água". O capítulo 5 traz um guia de referência para compreender o básico desses outros estilos.

Existem muitos livros a respeito da técnica do nado livre e muitas teorias diferentes. Ao assistir às Olimpíadas, você pode ver muitas variações de técnica — mesmo algumas que poderiam ser caracterizadas como "pobres". Digo isso na esperança de que você se lembre que todos somos indivíduos que precisam encontrar suas próprias melhores técnicas. Entretanto, para fazer isso, é essencial ter conhecimento da técnica básica do nado livre.

OS SEIS ASPECTOS[1] DO NADO LIVRE	
1. Ciclo do braço	Cada ciclo consiste de cinco fases: entrada, flexão de cotovelo (pegada), puxada (adução), relaxamento (e aproximação) e retorno.
2. Rotação	Rotação do eixo longo e rotação dos ombros.
3. Posição do corpo	Permanecer em posição alinhada para reduzir a resistência.
4. Dar pernada	Importante para manter a posição adequada do corpo.
5. Respirar	Resultado da rotação adequada.
6. Saída	Estabelece o estágio para a volta.

Além de permitir nadar mais rápida e eficientemente, uma boa técnica reduz muito a chance de ter os ombros lesionados. Lesão de ombros, geralmente uma forma de tendinite, é a lesão mais comum da natação. Com o uso da técnica adequada isso é perfeitamente evitável, fazendo da natação, como já disse anteriormente, um dos esportes com menos perigo de lesão. Este capítulo contém explicações claras sobre o básico da técnica de nado livre e começa com o detalhamento dos seis mais importantes aspectos: ciclo do braço, rotação, posição do corpo, pernada, respiração e saída. As viradas são tratadas no final do capítulo e uma técnica avançada de nado livre é explorada no capítulo seguinte.

Ciclo do braço

O ciclo do braço pode ser classificado em cinco fases: entrada, flexão do cotovelo (pegada), puxada (adução), relaxamento (e aproximação) e retorno. Já que o nado livre utiliza um ciclo de braço contínuo, não há primeira ou última fase. Nenhuma dessas fases é isolada; se uma fase é realizada incorretamente, então toda a braçada sofre! Na natação, como em muitos esportes, você só é tão forte quanto seu elo mais fraco.

[1] Vamos discutir esses seis aspectos do nado livre, um de cada vez, e explicar como realizar cada um deles adequadamente. No entanto, é importante notar que, ao nadar, todos são realizados em ciclos contínuos.

FASE 1 – ENTRADA

A entrada ocorre quando você desliza a mão na água e estende o braço para a frente. Seu objetivo é entrar tão suavemente quanto possível e realmente estender o braço para a frente a fim de se preparar para o próximo estágio, a flexão do cotovelo.

Durante a entrada, deslize a mão na água por cerca de 20 a 30 centímetros na frente do ombro, fazendo um ângulo de aproximadamente 45 graus em relação à superfície da água.

Quando a mão estiver na água, estenda o braço para a frente. Essa extensão é produzida quando você gira o corpo, estende o braço e eleva o ombro.

Entrada da mão (fase 1)

Enquanto a mão se estende para a frente, gire o braço em direção à sua linha do meio, de modo que a palma se torne paralela ao fundo da piscina.

Extensão e rotação medial

Ao estender o braço, deslize a mão para a frente bem na superfície da água. Isso criará o impulso. Muitas vezes um nadador mergulha ou dirige a mão para baixo. Essa ação causa dois problemas: primeiro, ele consegue pouco ou nenhum impulso; segundo, fica numa posição desfavorável para a próxima fase, prejudicando desse modo a própria força.

FASE 2 – FLEXÃO DO COTOVELO (PEGADA)

A flexão do cotovelo é a inclinação deste dentro da água depois da fase de entrada. Com o objetivo de criar uma grande superfície de impulso para a fase seguinte. Se você fizer uma flexão de cotovelo pequena ou nenhuma flexão, a única superfície de impulso será sua mão. Com a flexão de cotovelo adequada, a mão e o antebraço se transformam em um grande remo.

A flexão de cotovelo começa onde a entrada termina, com o braço completamente estendido e a mão paralela ao fundo da piscina. Então, dobre o cotovelo num ângulo de 90 graus.

*Flexão de cotovelo
(pegada) fase 2*

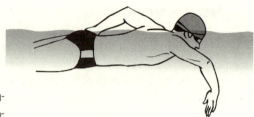

O pulso pode se dobrar ligeiramente para iniciar a dobra do cotovelo — apenas certifique-se de esticá-lo depois que o cotovelo estiver completamente flexionado. Esse não é um movimento de força, mas um movimento que prepara a braçada e não deve ser feito às pressas.

A pegada é um termo meramente descritivo para esse movimento de dobrar o cotovelo e girar o ombro ao mesmo tempo. *Nota*: você precisa girar o ombro ao mesmo tempo que dobra o cotovelo. Isso permite que sua mão se estenda e coloque você em posição (veja a ilustração). Não tenha pressa para aprender a flexão do cotovelo — isso vai ajudá-lo muito. Esse movimento prepara o estágio da fase de força, a puxada (ou adução).

A importância da flexão do cotovelo é um fator com que todos os treinadores concordam. Os nadadores podem sacrificar outros aspectos da técnica e ainda assim serem muito bons, mas um grande nadador nunca se dará bem com uma medíocre flexão de cotovelo — em qualquer dos quatro estilos. Portanto, se você quer mesmo aprender, evite o erro comum de baixar o cotovelo e puxar apenas com a mão. Mantenha o cotovelo elevado, dobre-o e faça uso poderoso de seu antebraço inteiro.

Fase 3 – Puxada (adução)

A puxada ou adução é a fase de força da braçada. É um movimento de aceleração e provoca a maior parte de seu impulso para a frente. Literalmente, adução é o movimento de um membro em direção à linha central de seu corpo. Nesse caso, quero dizer realmente ao longo da linha central.

Para puxar — enquanto você mantém o cotovelo dobrado e usa o antebraço e a mão como um grande remo — deve abaixar o ombro e empregar os músculos das costas para trazer o braço e a mão além do maiô ou calção. Enquanto a mão passa pelo peito, use os músculos do tríceps para estender o braço (cotovelo reto) a fim de terminar a fase de puxada.

*Puxada e finalização
(fase 3)*

Embora sua mão devesse puxar de acordo com o padrão de puxada em forma de S a fim de encontrar água "calma" para maior resistência, não é preciso fazer isso conscientemente. Uma boa rotação do eixo longo causará esse padrão em S (já notei que trabalhar em um padrão de S conscientemente distrai todos os nadadores iniciantes, todos os intermediários e alguns avançados; seu tempo e esforço são melhor aproveitados se trabalhar a rotação — veja a próxima seção deste capítulo).

Fase 4 – Relaxamento (e aproximação)

O relaxamento é a fase em que o braço — assim que você tiver terminado a puxada e ele não puder se estender mais — relaxa para uma saída bem-feita e a junta do ombro se abre de modo a proporcionar um retorno suave e livre de lesão.

Depois de terminar a puxada (adução), a palma deve ficar ligeiramente virada para a perna. Essa é a posição natural da mão e permite uma saída simples e relaxada, direcionada pelo dedo mínimo. Assim que a mão sair, vire ligeiramente a palma — como se estivesse lançando uma bola. Essa virada da mão é crucial para relaxar a junta do ombro e prevenir de um estresse desnecessário ao ombro.

Relaxamento e giro (fase 4)

Se o movimento de relaxamento parecer estranho, tente praticar com uma bola ou uma raquete de tênis. Execute os movimentos tanto de lançar quanto de rebater a bola. Verifique de que modo você gira a mão na finalização. Essa virada vem da rotação externa do ombro e abre a junta do ombro, permitindo um retorno suave. Embora seja um movimento pequeno, não minimize a importância dele. Não relaxar pode causar dano irreparável ao ombro. Geralmente a dor vem depois do dano, portanto, tenha sempre certeza de que está relaxando corretamente.

Fase 5 – Retorno

Retorno é levar o braço para a frente acima da água. É o elo entre o término da puxada e a entrada.

Retorno (fase 5)

Depois do relaxamento, solte a mão e concentre-se em levar o cotovelo para a frente. Quando o cotovelo estiver na altura do ombro, o antebraço e a mão vêm para a frente, prontos para entrar na água novamente. Tente relaxar o braço tanto quanto possível.

Lembre-se de que essa é a única fase na qual o braço tem a oportunidade de descansar. Às vezes ajuda pensar no retorno como uma ação de descanso da braçada — semelhante a um elástico que é esticado e depois solto. Certifique-se de que não há tensão demais no braço durante o retorno. Brinque de deixar cair o braço para a frente; isso vai ajudar a relaxar o braço.

Rotação

Ao mesmo tempo que os braços seguem o ciclo através das cinco fases, dois tipos de rotação acontecem — a rotação do eixo longo e a do ombro. É quando muitos nadadores têm problemas; eles não giram e, dessa maneira, negam a si mesmos braçadas mais longas e fortes. A rotação do eixo longo do corpo (às vezes chamada de "rolar o corpo") é a rotação do corpo todo. Imagine um fio ligado à sua espinha e indo até o topo da cabeça. Esse fio é o eixo longo. Quando se gira corretamente, o corpo inteiro gira para trás e para a frente ao longo desse eixo de um modo segmentado: ombros e peito, seguidos por tronco, quadris e, finalmente, pernas.

Rotação do eixo longo, muitas vezes chamada de rolar o corpo

Essa rotação do eixo longo permite dar braçadas mais longas e mais fortes porque o torna capaz de alcançar mais longe e ganhar força dos quadris — tão essencial na boa natação quanto em outros esportes como beisebol, golfe, boxe e tênis. Quando a boa rotação do eixo longo se faz presente, é possível quase sentir a puxada sendo iniciada pelos quadris e pelas pernas.

Alguns nadadores nadam de modo plano, sem rotação e, portanto, mostram braçadas fracas e curtas. Um problema bem comum — tanto com nadadores sem experiência quanto com os experientes — é girar a parte superior do corpo e não a parte inferior. Isso gera uma resistência extra que é chamada de "rabeada". Quando os quadris saem do alinhamento sem girar, criam certa resistência e causam a diminuição da velocidade. Em alguns casos, a falta de flexibilidade na região lombar pode piorar o problema; no entanto, como você verá no capítulo 9, a flexibilidade pode ser melhorada.

Embora seja possível exagerar a rotação (eixo longo), nunca vi esse problema acontecer. Na verdade, muitas vezes peço aos nadadores para exagerar na rotação (até mesmo girar por completo) para sentirem realmente a rotação ao longo do corpo todo.

As braçadas são mais fortes quando combinadas com a boa rotação do eixo longo, em parte por causa dos efeitos de remada. É o ato de mover um membro para trás e para a frente a fim de criar uma força num ângulo de 90 graus em relação ao movimento. Não há dúvida de que os nadadores remam. No entanto, a questão prática e importante é: Como eles fazem isso? Esse movimento de remada é às vezes chamado de "puxada em S", porque a mão se move fazendo um S (quando se vê do fundo da piscina).

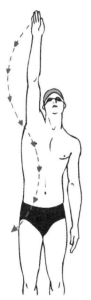

Puxada em S

Esse movimento de varredura para-fora-para-dentro-para-fora é confuso e quase impossível de ensinar aos nadadores iniciantes e intermediários. Como já disse, prefiro que os nadadores não pensem na remada como um aspecto separado da natação. No nado livre e no nado de costas, a remada acontece naturalmente durante a puxada, se for feita uma boa rotação do corpo ao longo do eixo longo.

O outro tipo de rotação que acontece simultaneamente com a rotação do eixo longo ou rolar o corpo é a dos ombros: eles giram num movimento oval ou do tipo "encolher de ombros", junto com a braçada. Durante o retorno, o ombro sobe para a frente (biomecanicamente, se eleva); durante a puxada, o ombro desce para trás (biomecanicamente, abaixa). Essa "rotação", se feita corretamente, permite obter de 10 a 20 centímetros mais de cada braçada. Ficar em pé com um haltere leve (2 quilos) e encolher os ombros para a frente ajuda a dar a sensação de rotação dos ombros.

A rotação é um aspecto crucial da natação: é a base da respiração suave, de longas braçadas e de força.

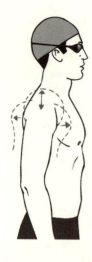

Rotação dos ombros

Posição do corpo

Ao nadar no estilo livre, o corpo deve ficar quase em posição horizontal na água, com um ligeiro ângulo para cima. A cabeça deve ser posicionada de modo que a linha da água esteja entre os óculos e a linha do cabelo. Os ombros devem se movimentar ao longo da superfície da água, enquanto os pés devem estar de 8 a 15 centímetros abaixo da superfície. Esta é a posição corporal que se sustém melhor.

Posição corporal correta

A correta posição do corpo é muito importante porque ajuda a minimizar a resistência. Algumas pessoas acham que a comparação entre aerodinâmica e aquadinâmica ajuda a entender o alinhamento (minimizando a resistência). Assim como estender a mão para fora da janela de um automóvel coloca-a sob intensa pressão, também atirar a perna para fora da corrente diminui a velocidade. Você não tem escolha, a não ser sair da corrente para puxar e dar pernadas; no entanto, minimizar um movimento desnecessário aumentará a eficiência da braçada.

A posição correta do corpo é uma conseqüência natural de trabalhar os outros aspectos da técnica do nado livre. Essa é uma área em que você não precisa se concentrar muito. Ter a região lombar e o abdômen fortes ajuda a manter uma boa posição corporal. Visualizar também ajuda. Observe nadadores com boa posição ao vivo, ou melhor ainda, em videoteipe. Muitos nadadores se beneficiam, também, ao fechar os olhos e visualizar a posição descrita acima, pensando numa lancha planando na água. Concentrar-se na pressão no peito é outro modo que ajuda a ter essa sensação.

As duas áreas em que você pode se concentrar são os pés e a cabeça. Onde você bate os pés — em termos de profundidade — tem um grande efeito na sua posição corporal. Se os pés saírem muito da água, a cabeça e o tronco superior serão forçados para baixo. De outro modo, se a batida de pés for muito profunda, grande parte da energia será direcionada a manter o corpo para cima e superar a resistência adicional causada por sair tanto do alinhamento. A maneira ideal é bater os pés um pouquinho abaixo da superfície (veja a seção de batida de pés neste capítulo). No outro lado do seu corpo, a cabeça também faz parte da equação da posição corporal. Onde você focaliza os olhos determina sua posição corporal. Quando a cabeça está na posição adequada, você estará olhando de 1 metro a 1,25 metro adiante, tanto para o fundo da piscina quanto para a parede. Muitos nadadores cometem o erro de olhar diretamente para baixo. Isto força a cabeça para baixo e afunda sua posição. Geralmente uma boa posição da cabeça e uma batida de pés uniforme são o mais importante.

Pernada (Batida de pés)

Quase todos os movimentos para a frente na natação são gerados pela parte superior do corpo, durante a fase de puxada ou adução do ciclo do braço. Somente em nado de velocidade se pode obter uma propulsão apreciável pela pernada ou batida de pés. No entanto, a pernada é muito importante na preparação do melhor ambiente para maximizar a força — especialmente por assegurar o ritmo, a estabilidade e a boa posição do corpo.

Pernada de nado livre, pernada agitada

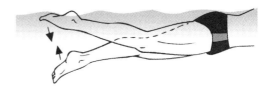

A pernada do nado livre, conhecida como "pernada agitada", consiste de dois movimentos: batida para cima e batida para baixo. Esses dois movimentos são realizados um em oposição ao outro. Em outras palavras, quando uma perna está trabalhando numa batida para cima, a outra realiza uma batida para baixo. A maior parte dessa batida agitada também acontece debaixo da água, mas a não mais de 15 a 20 centímetros de profundidade.

O movimento de batida de pés deve ser iniciado a partir dos grandes músculos das nádegas e da parte superior da perna. Um modo de simular isso é deitar-se de costas e levantar as pernas do chão como se estivesse fazendo um levantamento de pernas. Quando as pernas estão de 15 a 30 centímetros de altura do chão, faça a batida agitada no ar, mantendo as pernas retas e os dedos dos pés esticados. Esse movimento força bastante os abdominais, portanto, vá com calma. A flexão do joelho é necessária apenas no finalzinho da batida e, mesmo então, é mínima. Um dos pontos-chave para uma correta batida agitada é relaxar a parte inferior das pernas — isso permite um efeito de chicote no final da batida de pés. Olhando de fora, a pernada agitada parece água fervendo — os calcanhares apenas batendo levemente fora da água. A pernada pequena é a mais eficaz.

Se a pernada for muito longa, sairá muito do alinhamento e criará uma resistência indesejada.

A pernada no nado livre ajuda a manter um bom ritmo pela dinâmica de usar as pernas em oposição uma à outra. Assim como os braços auxiliam a manter o compasso e o ritmo enquanto você anda ou corre, as pernas o auxiliam a manter a velocidade e o ritmo enquanto nada. O posicionamento dos membros em oposição também ajuda a estabilizar o corpo. Imagine como seria instável correr com as mãos ao longo do corpo! O corpo foi feito para ser usado em oposição. Os dançarinos às vezes praticam um passo chamado "robô" — o braço direito e a perna direita se movem ao mesmo tempo, depois a perna esquerda e o braço esquerdo. Tente fazer isso e sinta como é estranho e por que razão é chamado de "robô". Finalmente, uma boa pernada melhora a posição do corpo ao manter a parte superior mais elevada e evitar que as pernas oponham resistência como âncoras. O segredo de uma boa pernada é mantê-la no alinhamento tanto quanto possível. Para maior velocidade, bata os pés com mais rapidez, não com batidas maiores.

Existem três padrões básicos de pernada: 2 batidas, 4 batidas e 6 batidas. O número de movimentos para uma batida-padrão é aquele que ocorre durante dois ciclos completos de braços. O padrão de 2 batidas é o mais largamente utilizado. Quando em 2 batidas, mexa os pés uma vez para cada braçada, em oposição. Esse padrão é o único em que a oposição é um a um. Ele fornece ritmo e uma boa posição corporal, mas não muita propulsão para a frente. O padrão de 4 batidas tem duas batidas de pés para cada braçada e fornece um pouco mais de propulsão. O padrão de 6 batidas é geralmente aplicado para velocidade; não pode ser mantido em longas distâncias. Há menos rotação nos padrões de 4 e 6 batidas que no de 2 batidas. Em geral, o nado de velocidade é um modo ineficiente de nadar e essa é uma das razões por que não pode ser mantido durante muito tempo.

Respiração

A respiração adequada ocorre como parte da rotação do eixo longo. Enquanto o corpo gira para o lado, você precisa virar a cabeça ligeiramente para uma respiração tranqüila. Observe onde seus olhos focalizam quando respira. Seu olhar deve estar a cerca de 5 graus à frente de uma linha imaginária emergindo num ângulo de 90 graus em relação a sua cabeça.

*Respiração adequada
para estilo livre*

Sempre expire completamente, com o rosto dentro da água, antes de inspirar. Não segure a respiração. A primeira lição que ensino às crianças em aulas de natação é soprar bolhas com o rosto dentro da água. Se você achar que está segurando o fôlego, tente fazer o exercício de soprar bolhas. Fique em pé na parte rasa da piscina e incline-se até a cintura. Com uma das mãos na beirada da piscina, coloque o rosto na água. Exale completamente, depois vire a cabeça e os ombros (para estimular a sensação de rotação do eixo longo) para o lado e inspire. Nunca é tarde para aprender o modo correto. A respiração também deve ser o mais relaxada possível, com uma inalação suave e uma exalação suave. Respiração curta e rápida certamente causará falta de oxigênio antes da hora. Muitas vezes, nadadores frustrados descrevem a respiração do nado livre com palavras como: arquejante, asfixiante, de afogar, de morrer. Em todos esses casos, a angústia pode ser atribuída a um padrão de respiração rápida. Ter isso sempre em mente pode ser a chave para apreciar a natação. Esse conhecimento não pode ser fixado da noite para o dia, mas muitas pessoas conseguem fixá-lo rapidamente porque saber que isso é o problema é 90 por cento da batalha. Faça sua respiração tão natural quanto possível e utilize o exercício de soprar bolhas sempre que necessário.

Os padrões de respiração no nado livre podem ser de duas categorias: respiração de um lado só e respiração bilateral. Respiração "de um lado só" significa sempre virar a cabeça para o mesmo lado ao respirar. "Bilateral" quer dizer virar alternadamente para a esquerda e para a direita ao respirar. Se a respiração bilateral (lados alternados) for um obstáculo, domine primeiro a respiração de um lado só. (E, sempre que tiver de nadar com velocidade ou executar séries rápidas, faça o tipo de respiração que lhe for mais confortável). No entanto, quando estiver pronto, existem vantagens técnicas decisivas na respiração bilateral: ela o auxilia a contrabalançar a braçada e a girar niveladamente dos dois lados. Desse modo, é bom tentar usá-la tanto quanto possível. O padrão bilateral pode ser feito em números ímpares de braçadas: 3, 5, 7 e assim por diante. A respiração de um lado só pode ser realizada em números pares de braçadas: 2, 4, 6 e assim por diante.

O treinamento hipóxico é a técnica de se privar de oxigênio ao respirar menos. Pessoalmente, não vejo muito benefício nisso, com exceção do treinamento para velocidade. Um conjunto comum para fazer quando se pratica o treinamento hipóxico é aumentar em 2 o número de braçadas dadas sem respirar a cada volta, durante 4 voltas, depois repetir o padrão. Tenha cuidado ao praticar o treinamento hipóxico, pois você pode sentir que vai desmaiar; e a menos que planeje fazer uma competição de velocidade, é melhor deixar essa técnica de lado.

Saída

A saída é o começo de cada volta e a oportunidade de manter a velocidade. Executa-se a saída para começar a nadar; ela também faz parte de cada virada, seja uma virada aberta seja uma virada olímpica.

Muitos nadadores (especialmente triatletas, nadadores de águas abertas e de boa forma) acham que não precisam trabalhar a saída porque ela torna a natação mais fácil. O fato é que você não consegue nadar tão depressa quanto uma boa saída. Saídas boas, portanto, ajudam a manter a velocidade e esse é o melhor treinamento que você pode fazer.

ANATOMIA DE UMA BOA SAÍDA

Segure-se na parede da piscina com uma das mãos, mantendo um pé contra a parede. Encoste-se na parede e levante a planta do pé de modo que seus pés fiquem separados por 15 ou 20 centímetros. Com um "empurrão", alongue as pernas, gire em direção ao estômago ao sair da parede e estique-se em seu alinhamento. (Visualizar um saca-rolha pode ser útil.) Ponha uma mão sobre a outra e aperte os braços na direção das orelhas. Seu corpo vai-se levantar naturalmente. Ao chegar à superfície, comece o impulso para iniciar a natação. Essa primeira braçada é chamada de "braçada de saída".

A saída consiste de: começar na parede...

... impulsionar dentro da água...

... e ficar no alinhamento.

Virada

No nado livre existem duas maneiras de virar na parede: a virada aberta e a virada olímpica. A virada aberta é quando você chega à parede, toca-a com uma ou com as duas mãos, impulsiona o corpo em direção à parede e sai. A virada olímpica é feita com um giro completo do corpo após a última braçada, afastando-se da parede com os pés. Em uma virada olímpica as mãos nunca tocam a parede. Para muitos nadadores, a virada olímpica resume elegância e habilidade.

Em meu trabalho como treinador, ouço freqüentemente a pergunta: "Devo fazer viradas olímpicas?". Embora não sejam requisito para um bom programa de treinamento, as viradas olímpicas podem fazer a diferença em seu nado. As viradas olímpicas não se prestam apenas aos nadadores de competição em piscina. Nadadores de boa forma, triatletas e nadadores de águas abertas também obtêm um grande benefício ao treinarem com viradas olímpicas. A virada olímpica permite manter a continuidade do nado, em oposição à virada aberta, que exige uma parada a cada volta. Além disso, a capacidade de fazer viradas olímpicas é geralmente uma indicação de que alguém já "se tornou" um nadador. Qualquer um que faça viradas abertas sabe como é frustrante nadar mais depressa que o colega do lado e depois ver o nadador mais lento girar na virada e ganhar uma liderança de um corpo de distância. Aprender a executar a virada olímpica adequadamente é um desafio que pode ser bem compensador.

A virada olímpica consiste em: aproximar-se da parede...

... girar...

... impulsionar de costas...

... girar de lado enquanto impulsiona...

... e finalmente girar sobre o estômago.

Existem três fases numa virada olímpica: a aproximação, o giro e a saída. A melhor maneira de aprender a virada olímpica é dominar cada fase por vez.

A primeira fase, a aproximação, é a mais fácil. Você vai levar algum tempo para aprender a calcular onde deve dar a última braçada — esse espaço varia de indivíduo para indivíduo e de piscina para piscina, dependendo da altura que você tiver, da velocidade e assim por diante; esse cálculo só pode ser dominado pela prática de ensaio-e-erro. Comece girando um pouquinho longe da parede e, a cada tentativa, aproxime-se um pouco mais. Muitas piscinas têm cruzes no fundo e na parede; no entanto, tente não se acostumar muito com essas marcas, porque elas variam de piscina para piscina. O que você deve realmente fazer é se concentrar apenas na parede. Se tiver uma boa posição de cabeça, os olhos estarão focalizados a cerca de 1 ou 1,25 m à frente de sua cabeça. Essa é praticamente a distância correta para começar a mergulhar a cabeça.

Como pode ver, você precisa antecipar a última braçada. Quando estiver terminada e as duas mãos estiverem ao longo do corpo, você estará pronto para o giro.

A fase intermediária, o giro propriamente dito, é na verdade uma cambalhota executada enquanto faz o movimento para a frente. Essa é a fase em que a maioria das pessoas tem problemas. Se for difícil dominar esse movimento, pratique dar cambalhotas na água a partir de uma posição em pé. Também sugiro observar as crianças executando-as — elas adoram dar cambalhotas no meio da piscina. É nesse ponto que entro na água para ajudar os nadadores a mergulhar a cabeça e levantar as pernas. Quando se faz um verdadeiro giro, as pernas se abrem mais do que ao praticar a cambalhota — os pés devem ficar separados a uma distância de um ombro um do outro, ao passarem por cima do corpo. Você também deve curvar o corpo na altura da cintura em um ângulo de 90 graus.

Na fase final, dê um impulso enquanto estiver de costas e, ao sair da parede debaixo da água, gire sobre o estômago. Lembre-se do alinhamento enquanto impulsiona, de modo que possa imprimir uma boa velocidade na volta seguinte. Essa virada é chamada comumente de giro "plano". (Um outro tipo de virada, menos eficaz, é fazer uma rotação sobre o estômago enquanto gira.) Como o nome sugere, você impulsiona enquanto está de costas, bem reto. Lembre-se de expirar durante o impulso.

As viradas olímpicas podem ser muito estressantes para os nadadores; muitos deles têm medo de machucar os calcanhares na parede, ficar sem ar ou de entrar água no nariz. As viradas olímpicas não são obrigatórias; não fique estressado. Se tiver medo de bater na parede, saiba que quando os nadadores avaliam mal a parede é geralmente porque eles giram cedo demais ou "perdem" a virada. Ficar sem ar ou com água no nariz se deve a problemas com a respiração. Se entrar água no nariz, é porque você não está expirando. Talvez tenha expirado rápido demais; talvez não tenha expirado o suficiente. Se ficar sem ar, é porque soltou o ar muito depressa. O truque para fazer suaves viradas olímpicas é inspirar bem profundamente quando se aproximar da parede e depois exalar devagar e firmemente quando girar.

Uma das coisas boas das viradas olímpicas é que você pode corrigi-las rapidamente. Se ficar muito perto da parede, é só rolar como uma bola. Se ficar muito longe, abra um pouco as pernas e deixe que o impulso o leve até a parede.

A última coisa a observar sobre as viradas olímpicas é a prática. Suas primeiras viradas não serão bonitas, mas insista mesmo assim. Comprometa-se a fazer certo número de viradas por exercício; aumente esse número a cada semana até que consiga executar giros em todas as suas viradas. Falhar numa virada é comum; portanto, não permita que isso o desanime.

––––

Posso ouvi-lo dizendo: "Como lembrar de todos esses movimentos técnicos e coordenados — posição da cabeça, entrada, flexão do cotovelo, pernada, retorno, puxada, respiração e por aí vai?". Você não consegue (pelo menos, não todos ao mesmo tempo). Quando executado de maneira correta, o nado livre é feito inconscientemente. Gosto de compará-lo a "balançar" um taco de golfe. Quando você está realmente "ligado", é como se o balanço tivesse simplesmente acontecido. Todas as suas aulas e o esforço finalmente aparecem quando você se solta. A melhor maneira de trabalhar a técnica, portanto, é praticar um aspecto ou fase por vez. É provável que você já conheça bem muitos aspectos da boa técnica. O próximo capítulo o ajudará a destacar exatamente o que corrigir e como.

3. APERFEIÇOAMENTO DA TÉCNICA DE NADO LIVRE

Uma técnica limitada tem como conseqüência um potencial limitado, uma técnica aprimorada é igual a um potencial ilimitado.

Seria impossível ensinar em um capítulo como analisar sua braçada. O que quero fazer aqui é descrever as falhas de braçada mais comuns e dar-lhe a receita para corrigi-las — pondo maior ênfase em nadar eficientemente do que em alardear o número de voltas. Já que você pegou este livro e o leu até aqui, sei que está levando a sério o aprimoramento de sua maneira de nadar. Assim, você precisa executar os exercícios prescritos — enquanto se concentra em sua falha pessoal (ou falhas). Apenas fazer os exercícios não é suficiente.

A melhor maneira de abordar o trabalho com a técnica é começar com a gravação de um vídeo. Na natação, diferentemente de corrida e outros esportes aeróbicos, você não pode se ver enquanto se movimenta. Percebi, em minhas academias, que é praticamente impossível corrigir os erros de braçadas dos nadadores se eles não puderem ver as próprias falhas. Um processo de visualização corretiva acontece quando você se vê nadando. Mesmo se trabalhar com um excelente treinador, há muita margem de erros na comunicação se não usar um vídeo como ferramenta. Se você é tímido ou tem medo de se ver, lembre-se: "Quanto pior for sua aparência, melhor é seu potencial para o aperfeiçoamento".

Embora as filmagens subaquáticas sejam de grande ajuda, muitos erros podem ser vistos num vídeo de superfície. Se não tiver um treinador, peça a um amigo ou salva-vidas para filmar seu nado de diferentes ângulos. Veja tomadas de nado lento, médio e rápido para observar as diferenças em suas braçadas. Faça um clipe de suas saídas. Certifique-se de que a pessoa que está filmando inclua cenas de seu nado de frente, de costas, de lado e de cima (do alto do trampolim ou do pedestal de largada). Quando tiver esse vídeo, o aperfeiçoamento é simplesmente questão de selecionar os erros e aplicar os exercícios corretivos adequados. A análise do vídeo é a chave para nadar melhor. Filme a cada duas ou quatro semanas para apreciar o progresso.

Se, ao ver o vídeo, você perceber que abaixar o cotovelo parece ser sua maior falha, então esse deve ser seu ponto de foco durante os exercícios de braçada. Trabalhe nisso até que você o corrija, fique frustrado ou progrida. O único modo de saber se você está mesmo progredindo é atualizar o vídeo. Quando se sentir pronto, poderá começar a trabalhar um outro aspecto da braçada. Às vezes ajuda "dar um tempo" a uma mudança difícil e voltar a ela num exercício posterior.

A seguir, veja os sintomas mais comuns de uma técnica medíocre de nado livre, que encontro em minhas academias de natação, e suas prescrições corretivas (Rx). Esses Rx estão na forma de exercícios prescritos. (Todos os exercícios estão completamente explicados e ilustrados no próximo capítulo.) Lembre-se de que você precisa visualizar a mudança que quer realizar enquanto executa os exercícios. Realizar os exercícios sem concentração vai fazer pouca diferença em sua braçada.

Sintoma: saída imperfeita

Uma saída pode ser imperfeita por muitas razões — a maioria diz respeito a manter-se mal no alinhamento ou não se manter absolutamente nele. Aqui estão alguns sinais definitivos de que você está executando uma saída imperfeita:

1. Depois de sair, você sente como se estivesse começando a nadar de um ponto parado.
2. Os nadadores das raias adjacentes ganham uma distância significativa de você a cada virada.
3. Você não desliza.
4. Você sai na superfície.

A falha mais comum é a "saída Superman" — fácil de reconhecer porque o nadador parece o Superman, com braços abertos e a cabeça para cima. Isso cria uma tremenda resistência e força-o a começar a nadar de um ponto imóvel. Se você faz a saída Superman ou uma variação dela, o exercício prescrito a seguir vai ajudá-lo a alcançar o alinhamento ao máximo.

Evite a saída fora do alinhamento: talvez funcione para o Superman, mas não é o melhor para os nadadores.

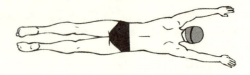

Rx: Execute três ou quatro saídas, trabalhando o alinhamento e tentando ir mais longe a cada uma. Deixe-se levar realmente pela água e pelo ângulo no qual você saiu da parede. Experimente um pouquinho. Tente arquear mais as costas, depois tente arquear menos. Veja o que funciona melhor. Qualquer modo que lhe permita ir mais longe da parede é o melhor. Manter uma marca de onde você alcança o ajudará a se aperfeiçoar.

Sintoma: mãos cruzando a linha média

Essa é a falha com a mão de entrada. Sua mão de entrada deve ficar de 20 a 30 centímetros à frente do ombro e se estender diretamente à frente do ombro — mesmo que ligeiramente para fora. O braço se estica com a ajuda de uma longa rotação do eixo.

Evite que suas mãos cruzem a linha média

Você se lembra daquela linha imaginária de longa rotação do eixo? Imagine cruzá-la com a mão quando a mão entra. Cruzar a linha média assim faz com que você gaste energia para trazer a mão de volta para o lugar onde um impulso eficaz pode começar. Essa falha também atinge a junta do ombro e causa lesão. Alguns nadadores cruzam dos dois lados, outros de um lado só. Outro problema é que os quadris geralmente se movimentam em oposição, criando uma resistência indesejada. Essa falha também é responsável por encurtar a braçada, porque o movimento lateral do braço sacrifica a extensão para a frente.

Rx: Exercício de um braço só (página 46) e exercício de recuperação (página 46)

Sintoma: estiramento insuficiente do braço

Quase todos os nadadores falham em esticar completamente na entrada de braço. Esse estiramento é crucial para maximizar a extensão da braçada.

Evite o estiramento insuficiente do braço por causa da entrada antecipada da mão.

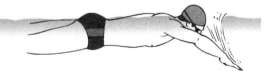

Lembre-se de que um bom estiramento de braço à frente é o resultado de levar o braço para a frente do ombro e de girar o corpo ao longo do eixo — na verdade, uma grande parte do estiramento do braço é criada por essa rotação.

Rx: Exercício de um braço só (página 46), exercício de recuperação (página 46) e exercício de contar braçadas (página 43)

SINTOMA: FINALIZAÇÃO INCOMPLETA DE BRAÇADA

Você pode perder de 15 a 30 centímetros na extensão da braçada se não a finalizar completamente. Muitos nadadores tiram a mão para fora muito cedo e desse modo perdem uma das partes mais eficazes do impulso.

Evite a finalização incompleta da braçada com a saída antecipada da mão.

Lembre-se, o impulso (adução) é uma fase de duas partes — a segunda parte é o estiramento ou finalização. A finalização usa os tríceps para esticar o braço completamente, com a mão ainda acelerando. Omitir-se na finalização tem como conseqüência fazê-lo perder velocidade. Essa falha comum provavelmente vai surgir quando você estiver cansado.

Rx: Exercício de um braço só (página 46), exercício de contar braçadas (página 43) e exercício de esfregar com o polegar (página 45)

SINTOMA: COTOVELO ABAIXADO DURANTE O IMPULSO (ADUÇÃO)

Provavelmente a maior perda de força — e conseqüentemente de velocidade — advém de não manter o cotovelo alto debaixo da água. Essa perda acontece se você baixar o cotovelo durante a fase de impulso e acabar puxando apenas com a mão, em vez de com o grande remo formado pelo antebraço e a mão. Somente se for executado corretamente — com esse grande remo para puxar contra a água — é que o impulso pode empregar seus grandes músculos dorsais e utilizar sua fisiologia. No entanto, assuma o fato de que você baixa o cotovelo. É possível que faça isso, e apenas um vídeo subaquático poderá lhe dar a certeza.

Para conseguir máxima eficiência, evite baixar o cotovelo durante o impulso.

Rx: Exercício de punho (página 42), exercício de um braço só (página 46) e exercício de recuperação (página 46)

SINTOMA: ROTAÇÃO INSUFICIENTE OU INEXISTENTE DO EIXO LONGO

Outra falha muito comum que rouba a força dos nadadores é a rotação insuficiente ou inexistente do eixo longo. Muito freqüentemente, o problema ocorre quando a rotação pára nos quadris; resultado: "rabeadas". Se a rotação não acontece, você nada "plano". O resultado do nado plano é braçadas curtas e ineficientes.

Lembre-se de que na natação, como em muitos esportes, a força vem dos quadris. Girar os quadris permite que todo o seu corpo seja envolvido. O estiramento e a finalização são melhorados pela boa rotação do eixo longo.

Evite nadar plano ou sem rotação do eixo longo

Rx: Exercício de recuperação (página 46) e exercício de dar pernadas de lado (página 44)

SINTOMA: FALTA DE ROTAÇÃO DO OMBRO

Uma outra falha rotacional, mais sutil porém comum, é a falta ou ausência da rotação do ombro. Sem ela, as braçadas são curtas e rápidas. Você geralmente parece apressado e duro enquanto nada.

A rotação elíptica do ombro, se feita corretamente, pode fazê-lo ganhar de 5 a 10 centímetros no comprimento da braçada.

Rx: Exercício de um braço só (página 46), exercício de recuperação (página 46) e exercício de contar braçadas (página 43)

SINTOMA: MÁ POSIÇÃO DA CABEÇA

Muitos nadadores com esse problema mergulham a cabeça quando respiram. Outros mantêm a cabeça baixa o tempo todo. Essa falha é fácil de ver porque os nadadores parecem estar arando a água com a cabeça.

Evite mergulhar a cabeça na água por causa da má posição.

Lembre-se de que, quando não estiver respirando, a água deve bater na sua testa, entre a linha do cabelo e os óculos. Se baixar a cabeça além dessa posição, você criará uma resistência indesejada. Prestar atenção ao lugar para onde olha enquanto respira vai ajudar: você deve olhar aproximadamente 5 graus para a frente numa linha perpendicular à sua cabeça. Uma boa posição de cabeça permite que você mantenha razoável posição de corpo — como descrito no capítulo 2.

Rx: Exercício de nadar com a cabeça elevada (página 43) e nadar (incluindo todos os exercícios) enquanto se concentra em sentir a água batendo entre os óculos e o alto da testa.

Sintoma: entrada incorreta da mão

Se suas mãos trazem ar na entrada, costuma-se dizer que é uma entrada "suja". Esse ar precisa ser empurrado para fora do caminho antes que você possa fazer uma puxada eficaz e parte de sua força, então, é perdida ao empurrar bolhas de ar. Se você esticar muito para a frente antes de introduzir a mão na água e bater na superfície, criará turbulência e resistência desnecessárias.

Evite bater na água quando fizer a entrada de mão

Lembre-se de escorregar a mão cerca de 20 a 30 centímetros à frente do ombro e esticá-la dentro da água. Visualize na superfície um saquinho Ziploc onde você quer enfiar a mão.

Rx: Exercício de um braço só (página 46), exercício de recuperação (página 46) e exercício de arrastar as pontas dos dedos (página 42).

Um passo além

Quando você tiver corrigido suas maiores falhas do nado livre e se tornado perito nas viradas olímpicas, poderá experimentar, com remadas conscientes e ângulos de mão, extrair um pouco mais de impulso de cada braçada.

A remada é um elemento necessário em todas as braçadas. Como já disse no capítulo anterior, a rotação do eixo longo no nado livre (e no nado de costas) ajuda automaticamente a remar porque faz seu braço se mover para trás e para a frente. Se você girar corretamente, no entanto, e tiver obtido uma boa idéia do que é remar, brinque um pouquinho com sua remada, a fim de encontrar o que funciona melhor para você.

A fisiologia de cada um é única e o modo que você usa para maximizá-la é aprendido pela experiência de uma só pessoa — você. A melhor maneira de abordar esse assunto é tentar se divertir. Embora a remada no nado livre seja geralmente descrita como um padrão de S — com uma "varrida" para fora, uma para dentro, uma para fora — na verdade não há um padrão perfeito. Alguns nadadores de classe mundial puxam reto no começo, depois para dentro, depois para fora (um padrão de ponto de interrogação de ponta-cabeça). Jogue com as possibilidades, tente todas elas.

Para os ângulos da mão, use o exercício de contar braçadas (página 43) a fim de ver que mudanças são capazes de diminuir seu número de braçadas. O exercício de mínimo e máximo de braçadas (página 44) lhe dará a indicação mais verdadeira daquilo que funciona. Tente dar braçadas mais largas ou mais estreitas, com a palma apontando ligeiramente para dentro ou para fora, e assim por diante. Divirta-se! Esse tipo de brincadeira com a braçada muitas vezes me ajudou a obter progresso com nadadores que estavam num platô. E isso pode ser feito com todas as quatro braçadas. No entanto, nunca tente qualquer mudança perto (dentro de 3 ou 4 semanas) de uma competição.

Note as falhas no seu vídeo e depois trabalhá-las o levará a nadar mais rápido e com mais diversão. Os problemas listados anteriormente não são, de jeito nenhum, todos os erros que você pode cometer. No entanto, elas são, de longe, os mais comuns que vejo na Total Training Swim Clinics. Trabalhe apenas uma falha de cada vez. Em outras palavras, não exercite a entrada de mão e a rotação no mesmo exercício. Trabalhe a entrada durante alguns exercícios, pare, depois faça alguns exercícios de rotação. Sem essa separação mental, os exercícios serão muito menos eficazes.

Certifique-se de permitir um tempo para "não pensar" nas mudanças e deixe que elas venham naturalmente. O melhor momento para deixar de lado a técnica e concentrar-se no nível de aplicação é durante as séries principais. Melhorar a técnica é uma combinação de trabalhar duro numa mudança e depois deixar pra lá. Essas mudanças levam tempo, portanto, seja paciente e persistente. Depois de uma semana ou duas, grave-se em vídeo novamente e veja como está progredindo.

Treinamento com técnica é um processo contínuo e a princípio pode parecer um trabalho penoso, mas na verdade o processo contínuo é o que torna a natação excitante. Você pode ficar ansioso para melhorar sempre, mesmo quando envelhece. Como lhe parece a frase "atleta sem idade"? A maioria dos grandes nadadores nada melhor com a idade. É claro que há um limite físico (e é mais antigo do que você pensa). Esses nadadores mais velhos são mais fortes? Às vezes. Geralmente eles são mais espertos. Permita-se ficar fascinado por essa idéia. Leia livros, revistas, assista a vídeos e sempre que possível, observe competições. Melhor ainda, entre numa!

4. EXERCÍCIOS, EXERCÍCIOS, EXERCÍCIOS

A repetição é a mãe da habilidade

A melhor maneira de efetuar mudanças em sua técnica de nado livre é realizar exercícios de braçada — as ferramentas para melhorar o seu nado. Quando estiver fazendo os exercícios, é importante se concentrar na mudança que você quer efetuar. Simplesmente fazer os movimentos dos exercícios não é suficiente. Em vez disso, você deve focalizar a atenção na mudança desejada. Romper um hábito que com certeza está por aí durante muito tempo não é coisa que se faça inconscientemente.

As nadadeiras são de grande ajuda em todos os exercícios (com exceção do primeiro exercício e do exercício de arrastar as pontas dos dedos). Os exercícios são significativamente mais lentos do que o nado comum por causa dos movimentos mais lentos — algumas vezes singulares — que envolvem. As nadadeiras ajudam a manter velocidade, de modo que você não pratique com uma posição corporal diferente da usual. As melhores nadadeiras são as Zoomer Fins. Elas lhe proporcionam mais velocidade e permitem que você mantenha uma pernada pequena. Mais sobre nadadeiras no capítulo 6.

Os exercícios devem ser praticados em todos os treinos. Eles servem para lembrar seu sistema nervoso da maneira como você quer movimentar o corpo. Os exercícios devem ser feitos depois do aquecimento e antes do desaquecimento. O capítulo 7 lhe mostrará exatamente como incorporar exercícios em seu treino. Existem muitos tipos diferentes de exercícios — cada um para o problema respectivo. Como exemplo, a natação com o pulso é a melhor maneira de trabalhar para conseguir e manter o cotovelo elevado.

Depois de ter lido o capítulo 3, você deve ter uma lista de exercícios prescritos para suas próprias falhas. Se a lista for longa, comece com apenas um ou dois exercícios. Uma boa distância para os exercícios é percorrer o comprimento da piscina de duas a quatro vezes, antes de passar para um novo exercício ou repetir o mesmo outra vez. Alguns exercícios podem ajudá-lo a trabalhar mais de uma falha, mas fazer um exercício para determinada falha não conta para quaisquer outras. As melhores duas palavras que posso dizer são: Seja específico.

Exercício de punho

Como?
Esse exercício é executado nadando num nado livre normal — com a ligeira mudança de fechar o punho de cada mão. Sinta a pressão da água em seu antebraço. Para melhores resultados, abra a mão no meio da volta: faça uma distância e meia, depois abra a mão imediatamente. Você vai perceber como é forte com um cotovelo dobrado dentro da água.

Por quê?
O exercício o ajuda a manter o cotovelo elevado (debaixo da água), o que lhe permite empregar os músculos poderosos das costas para a puxada. A razão por que esse exercício funciona é que o *força* a dobrar o cotovelo e a usar o antebraço. Você pode se dar bem com o cotovelo baixo se estiver com a mão aberta.

Quando? Quanto?
Faça isso durante a parte do exercício de braçada de seu treino, duas distâncias de cada vez. Nade uma distância e meia com os punhos, depois abra a mão. Repita esta seqüência duas ou três vezes. Esse também é um excelente exercício para fazer entre séries, pelo fato de que todos nós tendemos a baixar o cotovelo quando cansados. Nesse caso, apenas uma seqüência é suficiente.

Exercício de arrastar as pontas dos dedos

Como?
Para executar esse exercício, arraste a ponta dos dedos através da água na recuperação. Isso requer que você relaxe a mão e mantenha o cotovelo elevado. Mergulhe a mão quando começar a ficar pesado. Fique de lado tanto quanto possível; enquanto a mão entra na água, gire para o outro lado.

Por quê?
Esse exercício ajuda a manter o cotovelo elevado na fase de recuperação do seu ciclo de braço; evita que a mão recupere muito alto e bata na água; ajuda a trabalhar uma entrada de mão macia e limpa (sem ar); e ajuda-o a ficar de lado por mais tempo (trabalha a rotação).

Quando? Quanto?
O exercício de arrastar as pontas dos dedos deve ser executado dentro do esquema da seção de exercício de braçada do seu treino. Duas distâncias de cada vez é um número ótimo. Faça de uma a três séries desse exercício.

Exercício de nadar com a cabeça elevada

Como?
Nade em nado livre com a cabeça fora da água, olhando direto para a frente. Uma variação é girar a cabeça de um lado para outro enquanto respira.

Por quê?
Esse exercício ajuda a melhorar a posição corporal. Também auxilia a manter a posição de cabeça elevada. Se você pensa em nadar em águas abertas, esse exercício deve ser uma parte regular de seu treinamento: sua técnica é inestimável para percorrer águas agitadas. É um exercício árduo e pode ser que você leve algum tempo antes de estar apto a completar uma volta inteira. Faça algumas braçadas de cada vez e entre lentamente no trabalho.

Quando? Quanto?
Um bom momento para executar este exercício é antes ou depois de uma série principal. Como ele é extenuante, faça uma distância de cada vez.

Exercício de contar braçadas

Como?
Nade uma distância da piscina contando o número de braçadas que você dá. O objetivo é dar o menor número possível. Tente obter o máximo de cada braçada e mantenha-se no alinhamento tanto quanto possível. Tudo bem se você deslizar um pouquinho e conseguir uma braçada tão longa quanto possível. Use a rotação do eixo longo para esticar a braçada e dê impulsos poderosos.

Por quê?
Esse exercício ajuda a alongar a braçada e a brincar com as remadas. Alguns nadadores dão muitas braçadas bem rápidas — contar ajuda a diminuir-lhes a velocidade.

Quando? Quanto?
Esse exercício é ótimo para ser feito antes e depois da série principal. Tente manter um R.P. (recorde pessoal), de modo que você tenha um número para atingir.

Exercício de mínimo e máximo (min-max)

Como?

Essa é uma variação do exercício de contar braçadas no qual você cronometra o tempo em que nada — geralmente uma distância, embora duas distâncias também funcionem. Some o tempo ao número de braçadas que dá. Exemplo: tempo de 30 segundos, numa distância de 45,5 metros com 28 braçadas, produz um min-max de 58. Como você pode ver, há duas maneiras de baixar o número.

Por quê?

O min-max assegura que você não deslize demais e nade tão devagar que o exercício se torna um jogo de atrasar a braçada tanto quanto possível, além de evitar que você deslize de modo ineficaz enquanto nada. O min-max mantém você honesto e lhe ensina qual comprimento de braçada é mais eficaz. Esse exercício é formidável, porque lhe dá o número verdadeiro que diz como você está se saindo. Anime-se, divirta-se e aprenda como melhorar sempre seu R.P.

Quando? Quanto?

Novamente, esse é um ótimo exercício para fazer antes e depois de sua série principal; você pode até mesmo fazê-lo como uma série principal de 50 segundos. Lembre-se de ficar de olho em seu R.P. de min-max.

Exercício de dar pernadas de lado

Como?

Esse exercício consiste essencialmente de uma pernada normal, executada de lado. Fique de lado (na água); ponha o braço de baixo na sua frente e o braço de cima ao longo do corpo. Você pode começar nadando uma volta inteira de lado, mas, logo que domine o exercício, vai querer dar 6 ou 10 pernadas de um lado e depois alternar. Essa rotação é iniciada pelo braço e ombros, seguida do torso, quadris e, finalmente, pernas. Mas não é porque descrevi esse movimento de maneira segmentada, que você vai executá-lo devagar. À medida que se sentir confortável fazendo esse exercício, tente iniciar a rotação a partir da pernada. A alternância de um lado para o outro deve ser um movimento abrupto, preciso e de corpo inteiro.

Por quê?

Esse exercício vai ajudá-lo a melhorar a rotação do eixo longo e a criar firmeza na pernada. Força-o a girar o corpo inteiro, não apenas o torso, enquanto bate os pés corretamente. O modo como você bate os pés com a prancha não é o mesmo que deve praticar quando nada, pois isso faz com que a técnica de treinamento com pernada de agitação pareça inadequada.

Quando? Quanto?
Sugiro que faça esse exercício na seqüência de quatro distâncias, a seguir:
Uma distância somente do lado direito.
Uma distância somente do lado esquerdo.
Duas distâncias alternando os lados, com 6 pernadas cada uma.
Faça algumas (de 1 a 5) dessas seqüências de quatro distâncias depois dos exercícios de braçadas e antes da série principal.

Exercício de pernadas de costas

Como?
Esse exercício consiste de uma pernada de nado de costas — a pernada agitada de costas. Alterne uma perna para cima (batida para cima) e uma perna para baixo (batida para baixo). Assim como na pernada de nado livre, estique os dedos dos pés e movimente as pernas usando os músculos superiores das pernas, quadris e nádegas. As mãos podem ficar de lado ou esticadas acima da cabeça na posição de alinhamento.

Por quê?
Esse exercício ajuda a equilibrar o desenvolvimento do músculo. Em todas as formas de treinamento físico, é bom trabalhar os músculos em movimentos opostos.

Quando? Quanto?
Esse é um bom exercício (bem como o exercício de dar pernadas de lado) para fazer após o aquecimento. Você pode fazer séries de 50, 100 ou 200 segundos. Ele também é recomendado se praticado como um intervalo da série principal. Pode oferecer um momento relaxante, que dá a alguns músculos muito forçados a oportunidade de se recuperarem. Assim como em quase todos os outros exercícios, as nadadeiras ajudam a obter o máximo.

Exercício de esfregar com o polegar

Como?
Como o nome já diz, nesse exercício você deve esfregar a coxa com o polegar quando terminar de puxar e começar a recuperação.

Por quê?
Esse exercício garante que você termine as braçadas porque precisa estender completamente o músculo tríceps e usá-lo para roçar a coxa.

Quando? Quanto?
Faça esse exercício sempre que sentir as braçadas curtas e ineficazes. Uma ou duas distâncias da piscina no geral é o suficiente para lembrá-lo de terminar completamente.

Exercício de um braço só

Como?
Nesse exercício, você nada apenas com um braço — tanto o esquerdo quanto o direito. O braço não usado fica estendido à frente, enquanto o outro dá as braçadas. Utilize sempre nadadeiras nesse exercício, porque a ação de usar apenas um braço fará com que você se movimente muito mais devagar na água do que quando nada normalmente.

Por quê?
Esse exercício é formidável porque permite que você se concentre em um braço de cada vez. Você pode realmente observar seu braço percorrendo as cinco fases do ciclo do braço.

Quando? Quanto?
Duas a três séries de 100 segundos de cada braçada com um braço só (esquerdo e direito) são mais eficazes quando feitas depois do aquecimento e antes do relaxamento, como parte de seu exercício básico de braçada.

Exercício de recuperação

Como?
Ao executar esse exercício, você espera que uma mão entre antes de puxar com a outra. É como executar exercícios de um braço só alternadamente.

Por quê?
Esse exercício é excelente para auxiliá-lo a melhorar a rotação. Também ajuda a trabalhar seu ritmo. "Ritmo de natação" é uma outra maneira de classificar o tempo de sua puxada, da pernada e do deslizamento. Isso é diferente para cada indivíduo e é aperfeiçoado pela experimentação. Esse exercício é o mais valioso porque lhe permite experimentar e sentir-se relaxado e confortável na água.

Quando? Quanto?
Assim como o exercício de um braço só, deve ser executado como parte do exercício básico de braçadas, depois do aquecimento e antes do relaxamento. Duas a três séries de 100 segundos é uma boa quantidade.

SUMÁRIO DOS EXERCÍCIOS		
NOME DO EXERCÍCIO	MELHORA	PÁGINA
Punho	Flexão do cotovelo	42
Arrastar com as pontas dos dedos	Entrada/recuperação/rotação	42
Nadar com cabeça elevada	Cabeça/posição corporal	43
Contar braçadas	Comprimento da braçada	43
Min-max	Eficiência da braçada	44
Dar pernadas de lado	Rotação/pernada	44
Dar pernadas de costas	Equilíbrio/pernada/rotação	45
Esfregar com o polegar	Finalização da braçada	45
Um braço só	Todas as fases do ciclo do braço	46
Recuperação	Rotação/extensão	46

Com esses três exercícios — os exercícios de um braço só, esquerdo e direito e o exercício de recuperação — você pode executar um exercício básico de braçada que se tornará a parte padrão de seu treinamento. A razão pela qual me refiro a isso como exercício "básico" de braçada é que ele lhe permite trabalhar um leque de correções de braçada: entrada de mão, rotação, posição de cabeça, flexão de cotovelo e assim por diante. Entretanto, não deixe de lado os exercícios especiais, pois eles foram planejados para trabalhar correções específicas.

O exercício básico de braçada deve ser feito na seguinte seqüência:
Uma volta apenas com braço direito;
Uma volta apenas com braço esquerdo;
Uma volta com braçada de recuperação;
Uma volta com braçada total.

O objetivo desse exercício básico de braçada é primeiro trabalhar cada lado individualmente; a seguir, trabalhar na rotação; e finalmente reunir tudo com braçada total ou nado regular.

Planejando a quantidade de exercícios de seu treino

Como você provavelmente pode ver, os exercícios de braçada e pernada são mais bem executados depois do aquecimento e antes do relaxamento. O ideal é executar duas ou três séries de 100 segundos do exercício básico de braçada e uma ou duas séries de 100 segundos de exercícios específicos de braçada (como punho ou esfregar com o polegar). Antes de cada seqüência, pergunte a si mesmo em qual aspecto específico de sua braçada você gostaria de se concentrar. Depois dos exercícios de braçada, faça alguns exercícios de 100 segundos de pernada.

Você vai nadar bem mais devagar quando executar esses exercícios porque estará dividindo a braçada e se concentrando na forma. É por isso que, como já disse antes, é bom usar nadadeiras para ajudar a manter a velocidade. O problema em ir mais devagar é que modifica a dinâmica (posição corporal e todos os ângulos da puxada) de sua braçada. Você não vai querer gastar tempo e esforço aperfeiçoando uma braçada que, no final das contas, é diferente daquela com a qual deveria estar nadando.

Você pode usar uma bóia quando realmente quiser se concentrar na técnica da parte superior do corpo e não se distrair com os pernadas. Tente se atualizar na velocidade nos exercícios, embora a ênfase esteja na técnica. Mas tenha cuidado, também, para não deixar o que eu disse fazê-lo apressar a braçada. Você precisa ir com calma ao trabalhar na correção da braçada. Novamente, eis porque as nadadeiras são úteis. Dispositivos tais como nadadeiras e bóias são tratados detalhadamente no capítulo 6.

Se essa é a primeira vez que você ouve falar de exercícios, pode estar se sentindo "inundado". Não fique impressionado — apenas mergulhe e dê braçada após braçada. Executar alguns desses exercícios pode lhe parecer que está aprendendo uma nova braçada; tenha paciência e você vai dominá-la logo, logo.

Lembre-se, os exercícios são as ferramentas para melhorar e manter uma boa técnica de nado livre. Os melhores nadadores do mundo fazem exercícios e, se você também os fizer, estará em boa companhia. Essa é a parte mental da natação. Você está treinando suas vias neurais motores e precisa visualizar as mudanças antes de fazê-las. Geralmente é útil ensaiar os movimentos num banco antes de fazê-los na água. Como em qualquer outra mudança de habilidade, o tempo e a repetição são requisitos essenciais. Quanto mais tempo você tenha nadado incorretamente, mais repetições precisará fazer para tornar natural a nova maneira. Você conhece o ditado: "A repetição é a mãe da habilidade".

A princípio, você pode pensar que os exercícios são estranhos, até mesmo "esquisitos". Esse é um bom sinal: significa que está fazendo algo diferente. Para ver se o diferente é melhor, filme-se novamente e compare sua nova braçada com a antiga. Fazendo exercícios, você poderá ver onde sua técnica tem falhas e aproveitar seu nado melhorado.

5. NADO DE PEITO, NADO DE COSTAS E NADO BORBOLETA

Existem quatro principais braçadas na natação: nado livre, nado de peito, nado de costas e borboleta. Pela popularidade e versatilidade do nado livre, passei uma grande parte do tempo nele. O nado livre é a braçada mais rápida e uma das mais fáceis de aprender (nado de peito é a mais fácil) e é isso que a faz ser tão popular

Este capítulo é dedicado às outras três braçadas — algumas vezes chamadas de "braçadas-extras". Há uma boa razão para aprendê-las, mesmo que não esteja interessado nelas para uma boa forma física ou competição. Em outras palavras, elas usam diferentes grupos de músculos e ajudam a equilibrar seu desenvolvimento muscular. Outro benefício dessas braçadas diferentes é que podem ajudá-lo a sentir aquele esquivo "gosto pela água" — a sensação de que você está movimentando água parada, em oposição à água que já está se movendo. Essas braçadas serão abordadas da mesma maneira que o nado livre, com seções sobre ciclo do braço e braçada, rotação, posição corporal, pernada, respiração e viradas. Destacarei, então, algumas áreas técnicas em que você deve se concentrar.

Muitos princípios concernentes ao nado livre se aplicam às braçadas-extras. Nadar no alinhamento para evitar resistência é um princípio constante em todos os quatro estilos. Dobrar o cotovelo num ângulo de 90 graus durante a fase de impulso é outro. Um terceiro é acelerar através da piscina. Em todas as braçadas você deve começar "leve" e terminar intensamente.

Nado de peito

O nado de peito é a braçada mais antiga. Será que anos atrás todos nós éramos rãs? Geralmente essa é considerada uma braçada mais relaxante do que as outras três e tem dois parentes não-competitivos — nado de lado e nado de costas elementar. O nado de lado é uma forma de nado de peito executada de lado; nado de costas elementar é um nado de peito executado de costas (uma conexão semelhante àquela entre nado livre e nado de costas). Muitos nadadores principiantes acham mais fácil aprender o nado de peito do que o nado livre. Se você não se sente bem com o nado livre, tente o nado de peito como ponto de partida.

Essa braçada era (e ainda é) muito adequada para rios, lagos e oceanos, onde o nadador espera que haja águas revoltas. Exige menos esforço e permite manter a cabeça fora da água. O esforço reduzido provém do longo deslizamento da braçada e do uso dos grandes e poderosos músculos das pernas. A posição de nadar com a cabeça elevada permite respiração normal e confortável e capacidade de ver para onde se está indo. É bom saber essa braçada quando nadar em competições de águas abertas porque permite visualizar a direção e continuar a nadar, ao mesmo tempo.

Em razão de os nadadores melhorarem o nado continuamente, o nado de peito teve de ser salvo da extinção como evento competitivo pelo menos por três vezes. Primeiro, por volta da virada do século XX, a invenção do "crawl" (nado livre) fez com que o nado de peito desaparecesse temporariamente das competições. No entanto, o nado de peito foi definido com uma braçada própria. Em seguida, nos anos 1930, o nado de peito foi temporariamente posto de lado com a invenção de uma nova braçada, chamada "borboleta". Mais uma vez, mudanças nas regras fizeram do borboleta o quarto e final estilo competitivo. Então, os japoneses descobriram que podiam nadar no estilo de peito mais depressa debaixo da água; isso mudou todo o evento. Finalmente, por volta de 1957, as regras foram mudadas, tornando ilegal dar mais de uma braçada ou puxada (por volta) debaixo da água.

Como se pode ver, as regras do nado de peito estão constantemente mudando, sempre que os nadadores inventam novos movimentos. O comitê diretivo de natação competitiva precisa decidir se cada mudança se torna parte do nado de peito "legal" ou é um movimento que pode desqualificar um nadador. Mas, apesar de tudo, a antiga arte do nado de peito tem passado pelo teste do tempo. Sendo a mais lenta das quatro braçadas, o nado de peito depende grandemente da pernada e, portanto, desenvolve mais as pernas do que qualquer outra braçada.

CICLO DO BRAÇO

Há quatro fases no ciclo do braço do nado de peito: recuperação, flexão do cotovelo, puxada e varrida para dentro.

Ciclo do braço do nado de peito: recuperação...

... flexão do cotovelo...

... puxada...

... e varrida para dentro.

Pernada do nado de peito: pernas juntas...

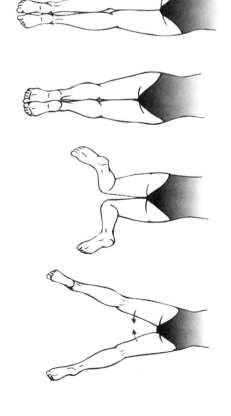

... trazendo os joelhos até o peito...

... começando a empurrar as pernas para trás e para fora...

... e apertando as pernas para dentro.

Para começar a recuperação, coloque as mãos na posição de prece, as palmas voltadas uma para a outra, bem debaixo do queixo. Ao levar os braços para a frente, mantenha as mãos juntas. Quando os braços começarem a atingir a extensão total, vire as palmas para baixo.

A flexão do cotovelo, assim como no nado livre, é muito importante. Depois de virar as palmas para baixo, curve os braços na altura dos cotovelos e mova-os para fora na direção dos ombros. As mãos devem ser constantemente ajustadas de modo que fiquem perpendiculares à direção do movimento dos braços. Isso parece muito mais complicado do que é. Enquanto movimenta os braços para fora, o ângulo de sua mão faz um arremesso para trazer a força resultante para trás e, desse modo, impulsionar para a frente.

A puxada fornece a massa da propulsão para a frente. Essa puxada é a mesma (adução) do nado livre. A única diferença é que você não a finaliza (exceto na única puxada debaixo da água no começo de cada volta). Pare assim que passar os ombros, com os cotovelos ainda curvados. Durante a varrida para dentro, você finalmente movimenta os braços para dentro, trazendo as palmas juntas. Agora, está pronto para a próxima braçada.

Durante o ciclo do braço do nado de peito, não caia na tentação de puxar demais para trás. Essa puxada extra não compensa a resistência aumentada da recuperação debaixo da água.

Desde a invenção do nado borboleta, as regras do nado de peito afirmam que os braços devem ficar debaixo da água ou na superfície. Não é surpresa que as mudanças recentes da regra da braçada permitam uma recuperação parcial acima da água, mas, se os cotovelos quebrarem a água, você será desclassificado. Muitos nadadores agora executam um nado de peito em onda que utiliza um movimento ondulatório. É, você adivinhou, os tempos são mais rápidos.

ROTAÇÃO

Não existe uma rotação do eixo longo no nado de peito, mas há uma rotação elíptica dos ombros para a frente. Como no nado livre, ajuda a esticar os braços mais longe, para puxadas mais longas.

POSIÇÃO CORPORAL

Como no nado livre, a posição corporal ideal para o nado de peito é suficientemente plana com um ligeiro ângulo para cima. Você verá algum movimento para cima e para baixo nessa braçada — é necessário para respirar.

PERNADA

A pernada no nado de peito pode ser descrita como "pernada de sapo". É executada pelo movimento de trazer os joelhos até o peito e depois puxar as pernas para fora, para trás e para dentro. Existem dois movimentos principais — a recuperação, no qual os joelhos se dobram (assim como os quadris, ligeiramente) e as pernas são trazidas para cima em direção ao corpo, e o impulso propriamente dito, no qual as pernas são esticadas com um movimento de aceleração. Os pés começam flexionados e terminam apontados quando as pernas se juntam. É importante apertar completamente as pernas e apontar os dedos dos pés para o final da pernada. Essa pernada difere de todas as outras porque acontece num plano horizontal e se move lateralmente. As outras pernadas são no plano vertical, com um movimento para cima e para baixo.

RESPIRAÇÃO

A respiração no nado de peito acontece no meio da fase quatro do ciclo do braço, enquanto os braços estão varrendo para dentro. As pernas devem estar se movimentando para cima, preparando-se para a posição de dar pernada para trás.

SAÍDAS E VIRADAS

A saída no nado de peito é igual à do nado livre no caso de se manter no alinhamento ao sair da parede. Depois, tome impulso e então dê a pernada debaixo da água. Enquanto começa a segunda braçada, levante a cabeça para respirar.

Diferente do nado livre, apenas uma virada aberta é permitida no nado de peito, e é preciso tocar a parede com as duas mãos. Simplesmente abaixe uma das mãos depois do toque e gire em volta para a saída.

DICAS PARA O NADO DE PEITO

Para executar o nado de peito, você precisa cronometrar seu impulso, a pernada, a respiração e o deslizamento. Inicie com uma boa saída no alinhamento. Depois dê um impulso, seguido pela pernada e seguido pelo deslizamento. Comece a pernada quando as mãos se juntarem. Quando terminar a pernada, já estará empurrando as mãos para a frente.

O tempo do comprimento do deslizamento é crucial. Demore o suficiente para sentir sua velocidade e depois inicie a próxima puxada enquanto começa a diminuir a velocidade. Experimente com o comprimento do deslizamento e com o tempo de sua respiração, puxada e pernada. Tenha paciência; fazer de modo correto leva tempo. Sugiro observar os nadadores ou, melhor ainda, pegue um vídeo de natação e o assista em câmera lenta (*slow motion*).

Nado de costas

O nado de costas foi considerado nado de lazer até o começo do século XX. Nunca praticou-se em competição porque era lento. Quando transformou-se em estilo oficial, a única regra era permanecer de costas. Desde então, evoluiu a uma braçada semelhante à do nado livre — mas de costas. É interessante notar que, com a técnica e o treinamento melhorados atualmente, o nado de costas tem mais ou menos a mesma velocidade que o nado borboleta; esse fato faz com que seja o segundo em velocidade depois do nado livre.

O nado de costas se distingue dos outros três estilos pelo fato, é claro, de ser executado de costas. Manter o rosto fora da água e poder apreciar a vista é uma sensação agradável (piscinas externas requerem óculos escuros). O nado de costas é um pouco mais natural de se aprender que os outros estilos porque nós, instintivamente, queremos flutuar de costas. Depois que aprendemos a flutuar de costas, remamos de diferentes maneiras ou simplesmente damos pernadas.

O nado de costas é uma boa interrupção do nado livre e ajuda a equilibrar os músculos usados no nado livre. Apesar das coisas em comum — como rotação e o fato de que a pernada no nado de costas é apenas a pernada rápida executada de costas — dizer que o nado de costas é um "nado livre de costas" é um tanto simplista demais.

CICLO DO BRAÇO

Há quatro fases no ciclo do braço do nado de costas: entrada, flexão do cotovelo, puxada e recuperação. As fases são muito semelhantes às do nado livre, exceto pelo fato de que a fase de relaxamento não existe, já que a finalização do nado de costas coloca a mão na posição adequada para a recuperação.

O ponto de entrada para o nado de costas é quase diretamente na frente do ombro. A mão entra com o dedo mínimo primeiro e com o cotovelo reto. Ao entrar, ela se estende para a frente através do eixo longo e das rotações do ombro (como no nado livre); sua palma gira, de modo a ficar voltada para o fundo da piscina.

Como no nado livre, a flexão do cotovelo é extremamente importante: fornece aquela grande superfície de remo (mão e antebraço) para máxima força. A rotação do eixo longo é a chave para permitir a dobra do cotovelo. Isso torna a braçada tão longa quanto possível.

A flexão do cotovelo é seguida pela puxada ou adução, na qual o braço é puxado ao longo do corpo. Quando a mão passar do ombro, comece a esticar o braço; use os tríceps para finalizar a braçada, empurrando a mão para baixo. Como no nado livre, há um movimento de remada, acrescentado pela rotação do eixo longo. Agora você está pronto para a recuperação.

A fase de recuperação é semelhante à do nado livre. É a fase de descanso, durante a qual a mão se move do final de uma braçada para o começo de outra. A diferença em relação ao nado livre é que o cotovelo se mantém reto.

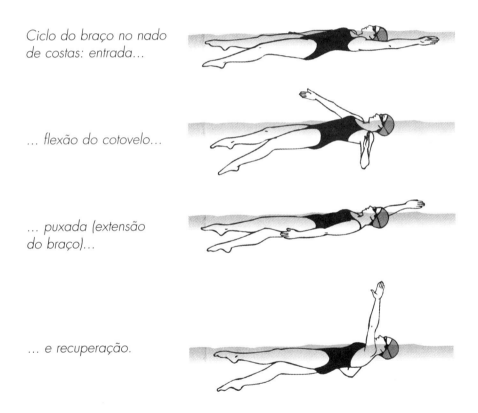

Ciclo do braço no nado de costas: entrada...

... flexão do cotovelo...

... puxada (extensão do braço)...

... e recuperação.

ROTAÇÃO

A rotação no nado de costas é a mesma que no nado livre — tanto a rotação do eixo longo quanto a do ombro ocorrem simultaneamente. Ambas são necessárias para assegurar uma puxada correta, causando o efeito de remada e gerando força. Ao longo do eixo longo, assim como no nado livre, os quadris e as pernas precisam girar com a parte superior do corpo; o movimento de rotação do ombro no nado de costas é o mesmo que no nado livre, apenas é na direção oposta — um encolher de ombros para trás, em vez de para a frente.

Posição corporal

A posição corporal no nado de costas é novamente horizontal, com um ligeiro ângulo para cima, a cabeça no ponto mais alto. Estique-se o mais que puder. Um erro comum no nado de costas é inclinar a cintura — quase sentando na água. Essa posição gera resistência e não lhe faz flutuar tão bem quanto a posição reta. Abaixar o queixo pode levar a essa falha. A posição corporal ideal no nado de costas é ter a linha da água quebrada no alto da cabeça.

Pernada

A pernada do nado de costas é uma pernada de agitação para cima e para baixo (a pernada usada no nado livre). A pernada deve ser pequena e permanecer no alinhamento, do mesmo modo que no nado livre.

Respiração

Não é preciso dizer nada aqui, exceto que você deve respirar normalmente, uma vez que sua cabeça estará sempre fora da água.

Saídas e viradas

A saída no nado de costas é como no nado livre, em que você deve ficar no alinhamento o máximo possível esticando os braços para a frente, fechados em cima um do outro. Fique dentro da água e plante os pés firmemente antes de dar a saída. Use a pernada para levá-lo acima da superfície.

A virada no nado de costas é complicada porque você está de costas para a parede. Para saber onde está, conte suas braçadas. Se a piscina tiver linhas de raia, essas podem ajudá-lo a determinar onde fica o fim da piscina. Muitas linhas de raia são de cores alternadas até uns poucos metros do fim da piscina, quando se tornam de cor mais forte. Você pode ver com sua visão periférica enquanto nada de costas. Já imaginou por que "grandes bandeiras de abertura" drapejam pela piscina, a 4,5 metros de cada ponta? Esse é outro modo de os nadadores saberem que estão de 3 a 5 braçadas da parede.

As regras de competição mudaram recentemente para permitir que se dê uma braçada sobre o estômago antes de girar. Com isso, conseguem-se tempos mais rápidos. Basicamente, gire sobre o estômago e execute uma virada de nado livre (veja o capítulo 2). Depois, saia de costas.

Borboleta (Butterfly)

Borboleta é a nova braçada de velocidade e, portanto, tem uma história curta. Somente em 1952 se tornou uma braçada separada — apenas 20 anos antes que o próprio Mr. Fly, Mark Spitz, arrasou seus competidores nas Olimpíadas de Munique. O nado borboleta tem suas origens no nado de peito. Em 1933, um nadador de peito tentou realizar uma recuperação sobre a superfície da água e notou que era mais veloz. Logo todos os nadadores de peito estavam fazendo a mesma coisa, enquanto mantinham a pernada do nado de peito. Mais tarde, quando a pernada de golfinho foi desenvolvida, o nado borboleta se tornou uma braçada separada, e as regras do nado de peito foram mudadas para assegurar que os braços permanecessem dentro da água. Embora o borboleta seja um desdobramento do nado de peito, o movimento do braço e a pernada são muito parecidos com os do nado livre.

Comprovadamente, é o mais belo dos quatro estilos. A beleza do nado borboleta já foi comparada à de um golfinho ondulando na água. No entanto, a beleza tem seu preço — o nado borboleta é difícil de aprender e de fazer. Sendo uma braçada rápida e poderosa, é geralmente executada em séries mais curtas do que as outras braçadas, por causa do esforço crescente. Para distâncias curtas, fica em segundo lugar em velocidade, atrás do nado livre. Muitos dos que nadam para boa forma física fogem desta braçada — e assim perdem uma experiência potencialmente compensadora.

O nado borboleta é tão agradável de observar e de fazer quando executado corretamente, que é quase uma forma de arte. Ao lado da beleza da braçada, ele permite que você realmente trabalhe os músculos, tornando-os mais fortes do que com as outras braçadas. Em geral, os nadadores de borboleta são notavelmente mais musculosos do que outros nadadores. Volta por volta, o nado borboleta (ou *fly*) lhe proporcionará o melhor exercício de sua vida. Experimente-o, se nunca o fez; se já o conhece, mas o tem evitado, dê-lhe uma chance!

Ciclo do braço

Embora as fases do ciclo do braço no nado borboleta pareçam confusas, elas são muito semelhantes às do nado livre; a exceção é que os braços traçam um padrão que não é mais facilitado pela rotação do eixo longo. As quatro fases do ciclo do braço são: entrada, flexão do cotovelo, puxada e recuperação.

As mãos devem entrar cerca de 20 a 30 centímetros na frente dos ombros e bem para fora. A entrada de borboleta é como no nado livre, com a diferença que você usa os dois braços ao mesmo tempo. Como não há a rotação do eixo longo no nado borboleta, é preciso usar a rotação do ombro e um movimento ondulatório para esticar os braços para a frente.

O movimento de flexão do cotovelo no borboleta é quase idêntico ao do nado livre. Tente manter o cotovelo tão elevado quanto possível a fim de preparar a puxada seguinte.

Borboleta: partindo de uma posição reta, comece a ondular os quadris para baixo e empurrar as mãos para o lado.

Quando os braços iniciam a flexão do cotovelo, a pernada sobe ligeiramente.

O padrão da puxada cria a forma de uma ampulheta.

A recuperação ocorre quando as pernas impulsionam para baixo, ajudando a elevar a parte superior do corpo.

A puxada é, novamente, semelhante à do nado livre, mas você deve mover conscientemente os braços numa forma de S enquanto empurra para trás. Alguns treinadores descrevem-na como uma forma de "ampulheta", pois ambos os braços se movem ao mesmo tempo, mas não há um modelo perfeito. A idéia é ir para fora, para dentro e para fora, de modo que você tenha a vantagem do efeito de remada para encontrar água parada e gerar mais elevação e propulsão para a frente. Ao fim da puxada, estique completamente (como no nado livre); termine esticando os cotovelos. No final, vire a mão ligeiramente para relaxar o ombro (é descrito como uma fase separada no nado livre). Esse relaxamento prepara para uma recuperação livre de lesão.

A recuperação é como a do nado livre de dupla ação. Direcione o cotovelo até que mão e cotovelo alcancem a área do ombro. Então a mão se dirige de volta para uma outra entrada. O tempo da respiração é muito importante para uma recuperação relaxada. Se o tempo for errado, sua recuperação será muito extenuante.

ROTAÇÃO

Por empregar os dois lados do corpo ao mesmo tempo, o nado borboleta não utiliza a rotação do eixo longo. Apóia-se fortemente na rotação do ombro — o mesmo movimento de encolher os ombros para a frente usado no nado livre. A rotação do ombro no borboleta pode ser perfeitamente simulada ao encolher os ombros para a frente segurando halteres leves.

PERNADA

O borboleta usa o que é conhecido como "pernada de golfinho" — ambas as pernas batem juntas num movimento ondulatório. Assim como no nado de peito, o tempo da puxada e da pernada é crucial. Há duas pernadas para cada puxada no nado borboleta. Imagine que está saindo da parede, na posição de alinhamento. Ao atingir a superfície, pernada para baixo. Ao começar a puxada, pernada para cima. A pernada para baixo ajuda a manter o corpo fora da água e a respirar (olhando para a frente) enquanto executa a recuperação da braçada.

Quando a mão entra na água, a cabeça entra também — criando o movimento ondulatório característico de borboleta. O hábito de praticar apenas a pernada com auxílio de uma prancha muitas vezes ajuda a sentir a ondulação. Assim como no nado de peito, a melhor maneira de estudar o borboleta é observar outros nadadores e/ou um vídeo em câmera lenta. Observar os golfinhos pode ser uma boa pedida para compreender o movimento ondulatório. Existem nadadores de borboleta de classe mundial que já nadaram com golfinhos para aprender como eles fazem.

RESPIRAÇÃO

A respiração no borboleta é integrada à braçada e o tempo é primordial. Use a batida de baixo da pernada para ajudá-lo a elevar o corpo e respirar. Mergulhe a cabeça após a recuperação para permitir que os braços se estiquem à frente. Alguns nadadores, como Melvin Stewart, respiram de lado no borboleta e desse modo têm menos necessidade de ir para cima e para baixo. Tente das duas maneiras — cabeça para a frente e então, num modo que se assemelha à respiração do nado livre, para o lado.

Saídas e viradas

A saída no borboleta é a mesma do nado livre, exceto que é preciso ondular e dar a pernada de golfinho. Cronometre sua primeira braçada para ter uma pernada forte de batida para baixo e assim ser elevado para a respiração. A virada é como a virada do nado de peito, exigindo um toque de duas mãos. Depois do toque, mergulhe uma mão e execute a saída.

Medley

O evento competitivo conhecido por "medley" é feito em uma distância de 200 ou 400 metros e consiste de um número igual de voltas com as quatro braçadas que descrevi, nessa ordem: borboleta, costas, peito e livre. Não importa se o seu objetivo é competir num medley ou nadar por prazer e boa forma; as três braçadas-extras são importantes e têm um efeito de treinamento multifuncional que ajuda as outras braçadas. Algumas voltas de costas e de peito entre as séries ou depois do aquecimento podem realmente lhe fazer muito bem. Se o tempero da vida é a mudança, então as braçadas são o tempero da natação. Use os temperos do nado de costas, de peito e borboleta para acrescentar variedade ao seu nado. Quem sabe? Você pode acabar achando essas braçadas mais agradáveis que o nado livre.

6. AUXILIARES DE NATAÇÃO

A ferramenta certa para o trabalho certo.

Você já viu aquele tipo de pessoa que aparece na piscina com a sacola cheia de nadadeiras, palmares, bóia e prancha? Já pensou se toda essa tralha é útil? Este capítulo vai ajudá-lo a escolher qual desses equipamentos de natação é útil, qual é perigoso e quais outros produtos podem ser de utilidade para você.

Maiô

Não é absolutamente necessário, mas é uma boa idéia para piscinas públicas. Use um maiô justo, de náilon ou lycra, para reduzir a resistência e permitir conforto na água. Evite usar roupas largas, como calções de ginástica etc.

Touca

Toucas de natação, toucas justas de látex usadas pelos nadadores, são importantes por várias razões: protegem o cabelo do cloro e do sol; fornecem retenção de calor (importante na água fria) e reduzem um pouco a resistência; e, mais importante, permitem que os nadadores sintam a água em volta da cabeça e dos ombros. Ajuda a manter a cabeça em boa posição e é de importância significativa se você tem cabelos longos. Com os cabelos serpenteando em volta da cabeça e dos ombros, é virtualmente impossível sentir a linha da água na cabeça. Muitas piscinas exigem touca caso os cabelos passem da altura das orelhas, por questões higiênicas.

Óculos

A invenção dos óculos tornou a natação muito mais agradável para os que nadam por lazer — acabou-se a irritação provocada pelo cloro. Para os competidores, os óculos abriram caminho para o nado de grandes distâncias dos anos

1970 e 1980 foram responsáveis pelas enormes quedas nos recordes de natação. Os óculos se apresentam com diferentes formatos, tamanhos e cores de lentes. A cor é assunto de preferência pessoal; as lentes mais escuras ou espelhadas são melhores para nadar ao ar livre. O ajuste é a chave para os óculos. Encontrar um bom ajuste nem sempre é fácil, uma vez que a cavidade dos olhos é diferente para cada pessoa. Se os óculos não se ajustam bem, não impedem a entrada da água. Quando se ajustam corretamente, você sente uma ligeira sucção. Meu conselho é tentar o maior número possível de modelos. Quando você encontrar o modelo que sirva bem, faça um estoque.

Palmar

O palmar, que apresenta diferentes formatos e tamanhos, é uma espécie de raquete de plástico, ligeiramente maior que a mão e presa a ela com tubos cirúrgicos. Seu objetivo é expandir a área de superfície da puxada e, portanto, aumentar a resistência contra a qual você nada. O palmar pode ser útil no trabalho com exercícios porque amplifica qualquer ligeira mudança no ângulo da mão quando você puxa. O treinador pode pedir que você nade parte de uma série apenas com palmares, ou com palmares e uma bóia, a fim de sobrecarregar os músculos.

Utilize os palmares com cuidado. A lesão mais comum é causada no ombro do nadador — definida tecnicamente como tendinite do ombro, uma inflamação dos tendões que circundam o ombro. A natação é muito repetitiva e, se o braço se estica muito a cada braçada e/ou você não relaxa depois de cada braçada, seu tendão (conexão entre músculo e osso) pode esfregar em proeminências ósseas e/ou em outras áreas, causando assim inflamação. Essa é uma das razões por que a técnica adequada é tão importante. Usar os palmares para praticar qualquer braçada é lesão na certa por uso exagerado, a não ser que seja a melhor braçada. Além disso, o aumento de resistência que os palmares oferecem só é eficaz se a sua braçada for perfeita. Então, como norma, não use os palmares, a não ser sob a supervisão de um treinador. Outra preocupação com os palmares é que podem se tornar perigosos numa piscina lotada. Se atingir outro nadador quando estiver com os palmares, você poderá machucá-lo.

Nadadeira

As nadadeiras são um auxílio divertido e essencial para treinar natação. Devem ser utilizadas durante a maioria dos exercícios: ajudam a manter a velocidade, pois você está simulando a posição corporal de quando realmente está nadando. Também permitem que você nade em um ritmo mais rápido do que é capaz — algo indispensável quando se tenta sair da rotina é sentir o "gosto" de nadar mais depressa. As nadadeiras fortalecem as pernas e aumentam a flexibilidade dos tornozelos — ambos cruciais para melhorar a pernada.

Existem muitos tipos de nadadeira no mercado, no entanto a mais eficiente é a Zoomers. São muito pequenas, o que as torna mais eficazes. Parecem-se com nadadeiras comuns, exceto pela lâmina, que tem apenas de 5 a 7,5 centímetros. Nadadeiras assim tão pequenas não permitem dar uma pernada grande demais, e, desse modo, beneficiam o nado.

Lembrete do capítulo 2: A chave para uma boa pernada é mantê-la curta e rápida. Isso é muito importante quando estiver usando nadadeiras.

Resista à tentação de utilizar grandes nadadeiras de mergulho — fazem você dar grandes pernadas e o ensinam a deixar que a pernada vá muito longe, fora do alinhamento. Além disso, sair da parede com nadadeiras comuns pode ter um efeito de sucção, segurando seus pés na parede quando você dá a saída. As nadadeiras nunca devem ser usadas com o nado de peito, porque elas impõem muito esforço nos joelhos.

Prancha

As pranchas são divertidas de usar. Elas permitem que você faça amizade e "bata um papo" com seus colegas de natação. Nadar com prancha é a única atividade de natação que mantém sua cabeça fora da água o tempo suficiente para dizer: "O que você gostaria de comer depois do treino?" (Esta é uma pergunta importante. Nadar realmente queima essas calorias.) No entanto, enquanto as pranchas são ótimas para alguns dos exercícios de pernada, a maioria deve ser feita executando o exercício de dar pernadas de lado (página 44). Esse exercício permite que você trabalhe a rotação corporal ao mesmo tempo que a pernada — você nunca deve dar pernada plana como faz ao usar uma prancha. Por essa razão, evite fazer grandes extensões (nadar atacando por várias voltas) com uma prancha. Em vez disso, use-a para corridas curtas a fim de desenvolver a força das pernas e

a velocidade — ou, como mencionei, por seu aspecto social. E lembre-se de dar pernadas curtas e rápidas para permanecer no alinhamento.

Flutuador

O flutuador (ou bóia), um artefato de flutuação feito para se adaptar às pernas e fazê-las flutuar, é muito seguro e eficaz para treinamento específico e trabalho com braçadas. Na natação, dar pernada não somente permite o impulso para a frente, mas também mantém as pernas para cima, dessa maneira reduzindo a resistência. Quando você executa um exercício de braçada e se concentra em alongá-la, é fácil ficar distraído pela quantidade de energia que despende impulsionando para manter a velocidade. O flutuador permite que você realmente trabalhe as deficiências de braçada sem se preocupar em nadar rápido o suficiente para manter as pernas flutuando. Usar flutuadores durante os exercícios — assim como nadadeiras — ajuda a manter a posição corporal. As nadadeiras são uma escolha melhor para os exercícios, porque aumentam a velocidade e trabalham os músculos das pernas. Mas às vezes — quando suas pernas estão cansadas de correr ou levantar pesos, por exemplo — usar um flutuador para treinar é uma boa opção. Velocistas e pessoas com baixa gordura corporal geralmente acham o flutuador um presente dos céus para manter a posição do corpo correta. Se isso se aplica a você, certifique-se de não se tornar dependente demais do flutuador. Já trabalhei com vários nadadores que sempre utilizaram flutuador e deste modo nunca aprenderam a dar pernada adequadamente. Embora a dependência não seja a pior falha que você possa ter, nadar na totalidade — inclusive a pernada — permite um exercício mais adequado e mais completo.

Traje molhado de natação

O propósito principal do traje molhado de natação — um traje justo de corpo inteiro (às vezes com pernas curtas e mangas curtas — uma bermuda) — é fornecer calor, mas com um benefício a mais, aumenta a flutuabilidade. É chamado "traje molhado" de natação porque uma fina camada de água entra entre o traje e a pele. Essa água rapidamente aquece a temperatura do corpo e mantém o nadador quente. Os trajes de natação são feitos de neoprene — material emborrachado que flutua muito bem. As pernas adquirem maior elevação com o neoprene. Você pode praticar nadar com traje de natação usando uma bóia, que simula a flutuabilidade extra do traje e permite que você não precise dar pernada;

isso o faz ficar acostumado a essa posição corporal sem desgastar seu traje de natação. Existem muitos trajes bons de natação no mercado. Certifique-se de comprar um que tenha sido feito especialmente para nadar: trajes específicos para mergulhar ou surfar geralmente não permitem a liberdade necessária para movimentar os braços e girar adequadamente. Se você vive no Hemisfério Norte, um traje de natação poderá alongar o período de nadar em águas abertas. Tenha cuidado com seu traje — lave-o sempre com água fresca e não o guarde em local quente e seco. Se você nada em águas quentes (24 °C), o traje de mergulho pode causar desidratação. Em tais situações, beba bastante água antes e depois de nadar.

Extensor

O extensor, uma corda (tubo de borracha muito forte) que é amarrada ao cinto e depois a uma escada ou qualquer outro objeto estacionário no deque da piscina, é outro auxiliar de natação muito útil. Existem muitas maneiras de utilizar um extensor de natação.Excelente aplicação é usá-lo para transformar uma piscina muito pequena para voltas numa "esteira de nadador". Embora isso possa parecer um tanto monótono, com o advento de rádios à prova d'água você pode "ficar numa boa" e fazer um exercício agradável numa piscina que, de outro modo, ficaria sem uso. Os extensores também são uma ótima maneira de fazer treinamento de resistência extra. A propriedade elástica do extensor permite que você o ajuste de modo a ser difícil — mas não impossível — alcançar a outra borda da piscina.

Executar uma série dessas corridas "forçadas" de certa distância vai gerar uma força tremenda. Quando você atingir o lado mais distante, poderá nadar de volta com a força do extensor puxando-o para frente — outra oportunidade para nadar mais depressa do que normalmente consegue (a primeira foi com as nadadeiras). Isso dá a idéia de como seu corpo se moverá quando você realmente puder nadar tão rápido. O bom mesmo do extensor é que você começa depressa, depois a resistência aumenta vagarosamente. O treinador Dave Ferris, do Clube Aquático de Long Island, conseguiu alguns velocistas muito rápidos, em parte porque durante um período de seis a oito semanas, ele os fez executar o nado com extensor três vezes por semana. Você pode fazer isso sozinho, mas, como é muito cansativo, a motivação de um treinador ajuda você a ser 100 por cento.

Piscinas com corrente contrária

Um auxiliar de natação que não vai caber na sua mochila e está além do orçamento de muitos nadadores é a esteira de nadador. Uma "piscina pessoal" é tão conveniente e útil que, se você não pode tê-la agora, deveria economizar para ter. Sua própria piscina de voltas pessoal — que idéia! Não uma grande — essa é um tanque pequeno com uma corrente de água em sentido contrário. A idéia aqui é facilitar a experiência igual a de estar em uma piscina pequena com um extensor. Algumas empresas fazem piscinas pequenas, de 1,7 m x 2,5 m, com um gerador de corrente de velocidade variável que permite "nadar no lugar". Em especial já usei e achei excepcional a feita por Endless Pools, uma empresa na Pensilvânia. Essa piscina vem completa, com filtro e aquecedor. A corrente contrária é bem uniforme.

A conveniência é a vantagem principal de uma piscina como essa. Entretanto, também permite que você trabalhe uma técnica e observe a si mesmo num espelho que há no fundo — algo que, de outro modo, só pode ser feito num canal artificial. Com certeza você não vai querer deixar de lado a sensação das voltas e das viradas olímpicas; nadar numa piscina sem fim deve, portanto, ser combinado com nadar numa piscina convencional. Mas num dia em que você só tenha 30 minutos de tempo e a piscina comum está a 30 minutos ou mais de distância, imagine quem perderia o treino? As piscinas pessoais podem ser montadas em um ou dois dias e colocadas no porão, na varanda ou no quintal ou jardim. Algumas delas podem ser usadas até para correr na água e para aeróbica. Se você puder pagar o preço, não há razão para não tê-la.

Cronômetro

A melhor maneira de calcular o nado é com um cronômetro — relógio grande (colocado na borda da piscina ou pendurado numa parede) que tem um ponteiro de minutos e outro de segundos. Os cronômetros permitem um modo fácil de contar o tempo de intervalo do seu treinamento (veja o capítulo 7). Nadar com um relógio é razoável, mas não tão eficaz quanto usar o cronômetro: apertar botões constantemente e olhar para o relógio pode distraí-lo. E sua técnica de braçada vai sofrer se tiver sempre de procurar uma parte de seu corpo para se mexer na água.

Os cronômetros também são úteis para monitorar o batimento cardíaco. Existem monitores cardíacos que funcionam na piscina, mas as tiras peitorais tendem a escorregar ao nadar, portanto, prefiro tomar o pulso manualmente. Para fazer isto, ponha o dedo indicador na artéria carótida; use o cronômetro para contar o pulso durante seis segundos e depois multiplique por 10 (mais sobre avaliação cardíaca no capítulo 7).

Outros auxiliares

Segundo minha experiência, a maioria dos auxiliares de natação não são nada mais que acessórios — coisas como relógios de dedo, relógio nos óculos, luvas sem dedos e contadores de voltas. Se você acha que prestar atenção ao número de voltas é um problema, tente contar em grupos de quatro distâncias. Ou simplesmente conheça seu ritmo médio e infira o número de voltas que completou pelo número de minutos passados.

Outros auxiliares, como trajes de resistência, podem ser usados para acrescentar resistência ao seu nado. Tenha cuidado, no entanto, com qualquer coisa que o force a nadar devagar ou o atrapalhe: vai causar má postura corporal.

Faça uso dos auxiliares de natação descritos neste capítulo para temperar o seu nado. Experimente com nadadeiras e flutuadores — você vai ver que dão mais energia ao treinamento. O corpo se adapta ao estresse da mudança tornando-se mais forte.

Agora que você já tem uma técnica sólida e sua mochila de truques, vamos ver como planejar um programa de natação eficaz e agradável.

7. PREPARAÇÃO DE UM PROGRAMA DE TREINAMENTO

Nenhuma disciplina parece agradável no momento, apenas dolorosa. Mais tarde, entretanto, ela produz uma colheita de retidão e paz para os que foram treinados por ela.

Hebreus, 12:11

Se o treinamento não está produzindo os resultados que você quer e não é agradável, você não vai fazê-lo. O fato é verdadeiro para todos os esforços humanos disciplinados. Claro, você pode usar o método da força bruta, mas este não fornece muita força permanente ou entusiasmo. Embora seja verdade que seus exercícios nunca serão 100 por cento prazer de sorriso de orelha a orelha, eles precisam ter elementos suficientemente excitantes para motivá-lo a fazer mais. Um programa bem-sucedido requer os seguintes elementos:

- Resultados quantificáveis (metas específicas)
- Um plano para atingir suas metas
- Disciplina para continuar o programa

Passarei o menor tempo possível discutindo disciplina, uma vez que a citação de abertura deste capítulo diz tudo muito eloqüentemente e o fato de você ter lido o livro até aqui mostra que é uma pessoa persistente.

Resultados quantificáveis (A palavra com "M" – metas)

Você já ouviu falar da estatística "95 por cento dos que escrevem suas metas as alcançam, e apenas 3 por cento da população escreve suas metas?" Convido-o a se juntar aos 3 por cento. Ter um plano definido lhe dá grande vantagem. Pense nisso como uma maneira de acumular chances.

Em uma folha de papel descreva em detalhes os resultados que gostaria de atingir a partir do investimento feito (de tempo, energia, dinheiro e criatividade) em seu programa de natação. Você pode preencher o modelo de programa apresentado a seguir ou criar um a seu gosto.

Este exemplo demonstra como é fácil colocar suas metas quantificáveis no papel. Depois, você pode colocar o programa em um local que veja sempre. Mesmo que não acredite, reserve 5 ou 10 minutos para fazer isso. Juro que fará mais por você do que imagina.

RESULTADOS ESPERADOS DE MEU PROGRAMA DE TREINAMENTO

METAS PARA ME SENTIR:

Fisicamente
Emocionalmente
Espiritualmente

METAS ESPECÍFICAS DE BOA FORMA FÍSICA

META	ATÉ QUANDO	POR QUÊ
1.		
2.		
3.		
4.		

Que preciso fazer para atingir minhas metas?

Como vou me sentir ao atingi-las realmente?

Um exemplo de modelo preenchido:

RESULTADOS ESPERADOS DE MEU PROGRAMA DE TREINAMENTO

METAS PARA ME SENTIR:

Fisicamente	*Ter mais energia, ficar mais forte e mais magro*
Emocionalmente	*Ficar calmo e centrado, capaz de lidar com qualquer coisa que aconteça*
Espiritualmente	*Conectar-me com quem sou e com meu propósito de vida*

METAS ESPECÍFICAS DE BOA FORMA FÍSICA

META	ATÉ QUANDO	POR QUÊ
1. Nadar 100 m em menos de 1min10s	1º/2/07	*Esse tempo significa estar em ótima forma*
2. Completar o desafio local de 200 voltas	15/4/07	*É algo que nunca fiz*
3. Competir numa prova	1º/5/07	*Pela emoção da competição*
4. Completar um triatlon	1º/7/07	*É o ponto alto da boa forma*

Que preciso fazer para atingir minhas metas?
Entrar para um grupo de competentes nadadores
Filmar a mim mesmo
Comer melhor
Planejar minha semana no domingo à noite para ter tempo para os exercícios

Como vou me sentir realmente ao atingi-las?
Imbatível

"Era uma vez um homem que queria um Cadillac. Ele colocou a foto de um no espelho do banheiro. Sua mulher caçoava dele e arrancava a foto todo dia. Todo dia ele a colocava de volta. Um dia ele conseguiu o Cadillac. No dia seguinte, sua mulher colocou no espelho a foto de um casaco de pele."

O mesmo tipo de "fórmula de sucesso" pode ser aplicado em outras áreas de sua vida — como finanças. Se você abordar esse processo corretamente, vai-se sentir como se já tivesse atingido todos os seus objetivos. Quaisquer "fracassos" são apenas lições, e estas o ajudam a ajustar seu planejamento.

Plano para atingir suas metas

Tendo em mãos os resultados desejados, você pode agora delinear um plano para os exercícios. Se tiver o luxo de ter um treinador e práticas estruturadas, esta seção será apenas para referência. Se, no entanto, você não tiver e está por sua conta, essa seção servirá como um guia passo a passo para treinar a si mesmo.

A técnica é, de longe, a área mais importante da natação em termos de aperfeiçoamento. Todos os exercícios do mundo não vão fazer uma puxada curta ser mais longa; apenas a análise da braçada e a correção dela o farão. Se você chegou a esta seção sem abordar a técnica detalhadamente, sugiro que passe mais tempo nos capítulos 2, 3, 4 e 5. Os melhores exercícios do mundo lhe darão resultados mínimos se usar uma técnica limitada.

As correções de técnica fornecem aprimoramento exponencial — treinamento e exercícios, de outro modo, dão resultados lineares. O conteúdo e a estrutura de seus exercícios, entretanto, devem ser abordados. Aliados a uma técnica eficiente, os grandes exercícios fazem um bom nadador.

Para aperfeiçoar o nado, você deve nadar três vezes por semana em um período de 12 semanas. O número mínimo de exercícios para aperfeiçoar é de dois por semana. Aqueles que nadam uma vez por semana e dizem: "Sinto que estou sempre começando de novo", estão mesmo! Em grande parte nadar é treinar seus neurônios motores, e isso só pode ser feito pela repetição. Num programa bem planejado, os exercícios são cooperativos: cada um é construído sobre o anterior. Para o atleta competidor, cinco exercícios por semana é o adequado. Cada um pode ser completado num espaço de tempo de 30 a 60 minutos.

Em meu trabalho como treinador pessoal, a maior falha que vejo nos exercícios de nadadores que treinam a si próprios é a ausência de treinamento de intervalo. Um nado longo e lento vai fazer de você um nadador longo e lento. Nadar esforçadamente durante muitas horas repetidamente não é muito melhor, pois não permite alcançar um ritmo mais rápido. Para coroar tudo isso, ambos os cenários resultam em tédio, cansaço e um nado mais lento. O único modo pelo qual o corpo pode se aperfeiçoar é adaptando-se ao estresse — neste caso, refiro-me ao "bom" estresse de sobrecarga proveniente de uma série com intervalo. Por fim, os intervalos são divertidos.

TREINAMENTO COM INTERVALO: A CHAVE PARA O SUCESSO

A máquina humana é realmente extraordinária porque responde ao estresse tornando-se mais forte. Ao usar a palavra *estresse* aqui, não estou me referindo ao seu sentido comum: um estado mental ou emocional que geralmente é mau e/ou exaustivo. Em vez disso, refiro-me ao estresse bom e controlado de um engenhoso treinamento com intervalo. Nas palavras do grande filósofo Nietzsche: "O que não mata, fortalece".

Todo atleta conhece o valor dessa afirmação — sem "senti-la" de vez em quando, não se consegue muita coisa. No entanto, você também precisa entender que o estresse sem descanso "mata". Eis porque você deve tirar uns dias de folga — e às vezes semanas ou meses de folga — para deixar seu corpo descansar. Geralmente me refiro a esse intervalo como "periodização" de exercícios. Basicamente, a periodização é a mudança de intensidade no programa de treinamento durante certos períodos de tempo. Por exemplo: dias intensos seguidos de dias leves, para assegurar a recuperação. A periodização é importante para qualquer tipo de treinamento.

Além de permitir uma periodização dos exercícios, você deve controlar a intensidade com que executa cada um dos treinos. Você pode avaliar a intensidade do treinamento aeróbico pela freqüência cardíaca (tomando o pulso), ou subjetivamente (estimando a porcentagem de esforço máximo). Verificar o pulso elimina o trabalho de adivinhação no seu treinamento e é relativamente fácil de fazer ao nadar com intervalos, por causa da parada depois de cada repetição. Você tem um número mágico chamado "limiar" — a freqüência cardíaca na qual o ácido láctico se eleva mais rapidamente do que você consegue baixá-lo. Sua meta é fazer a maior parte do treinamento um pouco abaixo desse nível. Uma fórmula popular usa a idade para calcular grosseiramente o limiar: 180 − Sua Idade = Limiar. Você deve ser capaz de sustentar seu ritmo de limiar por certo tempo. Não faça mais que 5 a 10 por cento do treinamento acima do limiar nos dias de intervalo curto. Em dias leves, fique de 10 a 20 por cento abaixo do limiar.

Como pode ver, um bom treinamento — do tipo que realmente constrói o corpo — é o resultado do estresse controlado. Sem o estresse necessário, você não terá muito ganho. Estresse demais quebra seu corpo, arriscando-o a uma lesão e doença. Treinamento com intervalo é a melhor maneira de controlar o nível de estresse e assegurar que você mantenha o alvo de sua meta. Preparar os exercícios pode exigir um pouco mais de esforço do que simplesmente "nadar várias voltas", mas a recompensa valerá a pena — sem falar que os intervalos acrescentam tempero e variedade ao seu programa de exercícios.

Se você não está familiarizado com a terminologia de intervalos, aqui está o exemplo. Um dos melhores exercícios com intervalo para executar é uma série de 100 metros. O tempo de "repetição" ou de "intervalo" refere-se a quanto tempo se passa entre cada saída. Se eu disser para você fazer 5 x 100 em 2 minutos, você vai nadar 100 metros cinco vezes; o tempo de intervalo (neste caso, de 2 minutos) é o tempo que você tem para cada nadada, incluindo o tempo de nadar e o de descanso. Nesse exemplo, se você nadar em 1 min 30 s para os 100 metros, terá 30 segundos para descansar antes de dar a saída para a próxima repetição. Como pode ver, a série inteira leva 10 minutos e há três variáveis na equação de intervalo:

Distância de natação = L
Número de repetições = R
Intervalo de tempo = T
R x L em T

Em nosso exemplo, R é 5, L é 100 e T é 2 minutos — 5 x 100 em 2 minutos. No caso de boa forma em geral, selecione um intervalo de tempo que permita aproximadamente 30 segundos de descanso. Escolha uma distância total para sua série que seja cerca de metade da distância total do exercício, uma vez que o objetivo é nadar ligeiramente mais rápido do que você faria durante uma nadada longa e contínua. Aqui é onde você vai acessar as propriedades adaptativas do corpo humano. Se possível, tente fazer intervalos com um amigo, cuja velocidade seja próxima da sua. Dessa maneira, você será capaz de dar a saída em cada nado ao mesmo tempo que ele, descansar junto e encorajar um ao outro. Você ficará surpreso ao ver como o treinamento com intervalo vai melhorar seu programa de treinamento.

Se você se exercita três vezes por semana, a execução de três treinos distintos— em qualquer ordem — produzirá os melhores resultados:

Intervalos curtos: 25 s, 50 s, 75 s e 100 s.
Intervalos: 100 s, 200 s, 300 s, 400 s e 500 s.

Nadada longa: nado direto de 300—2.000, dependendo de sua habilidade e nível de boa forma.

Todas as distâncias acima se referem tanto a jardas quanto a metros, dependendo da piscina.

Cada um desses treinos deve consistir de aquecimento, exercícios de braçadas, uma série principal, séries secundárias opcionais, exercícios de braçadas e desaquecimento.

Nota: Uma vez que seu corpo comece a se acostumar com os treinos, é hora de adaptar os intervalos. Ao acompanhar seus treinos e fazer os necessários ajustes, tais como aumento ou diminuição de intervalo ou número de repetições, você evitará nadar de modo rotineiro. A repetição contínua dos mesmos itens num treino é um convite à estagnação. Para ajudar, sugiro treinos no final deste capítulo, que manterão as coisas interessantes para você.

Aquecimento

O aquecimento é um tempo para relaxar e fazer a transição entre terra e água. Exatamente quantas voltas você deve dar e com qual intensidade deve fazê-las é subjetivo. Geralmente, nadar 200 a 500 metros num ritmo tranqüilo ou moderado vai prepará-lo melhor para os exercícios.

Exercícios

Na parte de exercícios do treino, você deve fazer pelo menos um exercício básico de braçada (veja o capítulo 4) e depois completar com os exercícios específicos (inclusive os de pernadas) que abordam suas falhas (como visto no capítulo 3). Os exercícios precisam ser feitos antes e depois da série principal. Antes, faça de 300 a 500 metros de exercícios. Depois, 100 a 200 metros de exercícios de braçadas serão suficientes para fazê-lo voltar à ótima forma. Os exercícios de braçadas ajudam a restabelecer a boa técnica, uma vez que o esforço para completar a série principal tende a nos deixar preguiçosos e voltar aos maus hábitos.

Série principal

A série principal é a parte central do treino. Seu objetivo é desafiar os músculos e o sistema cardiovascular para melhorar. É a parte fisicamente exigente do treino. Embora o esforço duro seja desconfortável às vezes, ele também libera as endorfinas e o deixa se sentindo um pouco — talvez até mesmo mais do que um pouco — eufórico. Registre os tempos de sua série principal num diário, de preferência um de capa dura. Isso vai ajudá-lo a acompanhar seu progresso.

Desaquecimento

O desaquecimento faz seu corpo e mente desacelerarem para fazer a transição de volta da água para a terra. Se o seu treino precisar ser encurtado, então corte a série principal: nunca pule o aquecimento, exercícios e desaquecimento.

Viva segundo a frase: "Treine, não force". Ouça sempre o seu corpo. Dor aguda em qualquer lugar é mau, mas especialmente nas juntas (geralmente do ombro). Desconforto muscular temporário, de outro modo, é bom e deveria ser considerado um sinal positivo: significa que seu treinamento está progredindo bem.

— — — —

A seguir, estão modelos de três tipos de treinos. São apenas linhas gerais; use os treinos alternativos descritos adiante neste capítulo para acrescentar variedade. Se você não puder completar esses treinos, simplesmente vá para um nível que possa agüentar. Já vi nadadores incapazes de dar uma volta fazerem esses treinos em seis meses. Progrida pouco a pouco: acrescente umas poucas voltas a cada sessão. A chave para o sucesso duradouro é a persistência.

TREINO COM INTERVALO CURTO

1. Aquecimento   200—500, ritmo leve
2. Exercícios   3 x 100, básicos e específicos para você (do capítulo 4); 3—5 x 100, exercício de dar pernada de lado
3. Série principal   5—10 x 50 em _____
                        5—10 x 25 em _____
                        200, braçadas-extras
4. Exercícios   200, exercícios de braçadas
5. Desaquecimento   200—500, nado leve

TREINO COM INTERVALO

1. Aquecimento   200—500, ritmo leve
2. Exercícios   3 x 100, básicos e específicos para você (do capítulo 4); 3—5 x 100, exercício de dar pernada de lado
3. Série principal 3 x 100 em _____ (diminuindo)
                    3 x 300 em _____
                    200, braçadas-extras (opcional)
4. Exercícios   200, exercícios de braçadas
5. Desaquecimento   200—500, nado leve

TREINO DE NADO LONGO

1. Aquecimento   200—500, nado leve
2. Exercícios   3 x 100, básicos e específicos para você (do capítulo 4); 3—5 x 100, exercício de dar pernada de lado
3. Série principal 1 x 1000—2.000, tempo recorde
                    200, braçadas-extras
4. Exercícios   200, exercícios de braçadas
5. Desaquecimento   200—500, nado leve

Nota: Não há menção de distâncias, uma vez que muito provavelmente você completará esses treinos em uma piscina de 25 ou 50 metros. As piscinas com distâncias diferentes exigirão algumas mudanças nos treinos. Se você usa uma piscina de 20 metros, substitua 25 por 20 e 50 por 40; múltiplos de 100 também funcionam nesse caso.

O quadro a seguir fornece a informação que você precisa para completar os tempos de intervalo nos modelos de treino. Para utilizar este quadro, você simplesmente precisa de seu melhor tempo em 50 metros. Se não souber qual o seu melhor tempo em 50 metros, vá para a piscina, faça o aquecimento e cronometre o tempo em que percorre os 50 metros. Depois, vá ao quadro e encontre a fileira que tem seu tempo. Se seguir pelo quadro nessa fileira, verá os tempos de intervalo.

QUADRO DE REPETIÇÃO DE TEMPO				
Tempo 50	25 s	50 s	100 s	300 s
Abaixo de 30 s	30 s	45 s	1 min 40 s	5 min
31—35	35 s	50 s	1 min 50 s	5 min 20 s
36—40	40 s	55 s	2 min	5 min 40 s
41—45	45 s	1 min	2 min 15 s	6 min
46—55	50 s	1 min 05 s	2 min 30 s	6 min 30 s
51—55	55 s	1 min 15 s	2 min 45 s	7 min
56—1 min	1 min	1 min 25 s	3 min	7 min 30 s
Acima de 1 min	Seu tempo	1 min 45 s	3 min 30 s	8 min

Nota: Este quadro funciona tanto para metros quanto para jardas. Apenas assegure-se de ser consistente — por exemplo, utilize um tempo de 50 metros para obter tempos de intervalo numa piscina de metros (e vice-versa para jardas). Este quadro pode ser utilizado para todas as braçadas. Entretanto, muito raramente os nadadores repetem mais de 200 s no nado borboleta.

Sugestões de treino alternativo – comprovadamente vencedoras

Os 10 treinos seguintes são séries principais que podem ser substituídas nas amostras de treino. Após cada descrição, uma nota informa para qual amostra esse treino serve.

1. Favorito de Freddie veloz

3 x 500 com 30—45 segundos de descanso.

Nota: Fred faz todos com intensidade. Acho que são melhores se realizados numa série decrescente. Ótimos para trabalhar no limite a fim de melhorar o tempo. Bom para pré, durante e pós-temporada. Modelo de treino: Intervalo.

2. Tortura de Tarp (ou queda de 100 s)

6—12 x 100 s. Diminua o intervalo em 10 s a cada duas vezes 100 s. Comece com um intervalo de 1 min 10 s mais lento do que o melhor tempo em 100 metros. A série termina quando você não puder fazer um intervalo. Exemplo: Se o melhor tempo em 100 metros é 1 min, os primeiros 100 s em 2 min 10 s. Os próximos dois em 2 min etc.

Nota: Saídas muito aeróbicas e viradas anaeróbicas. Ótimo treino para fazer uma ou duas semanas antes de um evento-chave. Modelo de treino: Intervalo.

3. Loucura de Ferri (ou escada acima e abaixo por 100)

100, 200, 300, 400, 300, 200, 100. Tire 15 a 30 segundos entre cada nadada. Desdobramento negativo em 400 min. Faça o percurso para baixo mais rápido do que para cima.

Nota: Um dos melhores treinos para aprender a melhorar o ritmo. Bom treino de pré e durante temporadas. Modelo de treino: Intervalo.

4. O indicador

10 x 100 s, em 40 segundos mais lento que o melhor tempo.

Nota: Deve ser feito uma vez a cada duas semanas para ver onde você está. Tente manter o ritmo firme ou ligeiramente decrescente. Modelo de treino: Intervalo.

5. Apenas para os amantes do ácido láctico (ou talvez o golfe seja melhor)

Corridas de 12 x 1/2 piscina (12,5 metros) com recuperação total. Estes são esforços totais. 5 x 50 s em 45 segundos mais lento que o melhor tempo — rápido e firme. 5 x 50 s com nadadeiras, o mesmo que o acima, decrescente. 3 x 100 s em 4 min — sim, recuperação total, portanto, adivinha só? Estas coisinhas são rápidas. Mantenha uma boa técnica na última volta.

Nota: Esse treino é perfeito para fazer de 7 a 10 dias antes de um evento ou numa semana durante a temporada quando não estiver competindo. Não é uma boa idéia na pré ou pós-temporada. Modelo de treino: Intervalo curto.

6. O indicador II

10 x 200 s em 1 minuto mais lento que o melhor tempo.

Nota: Esse treino é um ótimo treinador de limite anaeróbico. Como tal, é bom para competidores de pré-temporada e nadadores de boa forma a qualquer tempo. Bom para fazer uma vez por mês, anotando o progresso. Tente manter o ritmo firme ou decrescente. Modelo de treino: Intervalo.

7. Treinamento ganhador de medalha no medley

16 x 50 s, cada uma das braçadas na ordem do medley (borboleta, nado de costas, nado de peito e nado livre) com descanso de 20—30 segundos entre cada medley de 50. Medleys de 5 x 200, com 45—60 segundos de descanso.

Nota: Um excelente treino para as braçadas-extras. Os nadadores que competem apenas no nado livre (sim, vocês, triatletas) devem tentar esse treino uma vez por semana fora da temporada e observem seu nado livre melhorar. Modelo de treino: Intervalo.

8. NADO LONGO COM VARIAÇÃO

1.000 metros ou mais direto; a cada um quarto de distância, uma braçada-extra.
Nota: você pode fazer praticamente tudo a cada quarto. Exemplos: exercícios, nado rápido, nado leve etc. Modelo de treino: Nado longo.

9. 25/75 DE AUMENTO!

10 x 75 s, com 30 segundos de descanso, ritmo firme. 20 x 25 s, alternar leve/intenso, com 30 segundos de descanso.
Nota: Seja rápido mesmo nos 25 s. Modelo de treino: Intervalo curto.

10. INTERVALOS SEM FRICOTES

10 x 50/100 s, com 30 segundos de descanso e 1 minuto de descanso respectivamente.
Nota: Essa série, na qual você faz 50 seguidos de 100, passa muito depressa. Modelo de treino: Intervalo.

Aqui está o modelo de um mês de treinamento para nadador de três vezes por semana. Se você puder nadar mais, simplesmente acrescente outros treinos do modelo e da lista suplementar (utilizei os treinos numerados neste exemplo). Somente as séries principais são mostradas. Obviamente, você precisa incluir o resto do modelo — aquecimento, exercícios e desaquecimento — em todas as práticas.

MODELO DE TREINAMENTO MENSAL

DIA	SEMANA 1	SEMANA 2	SEMANA 3	SEMANA 4
Segunda-feira	Nado longo	Intervalo curto		Treino nº 1
Terça-feira			Nado longo	
Quarta-feira	Intervalo curto			Intervalo curto*
Quinta-feira		Nado longo	Treino nº 5	
Sexta-feira	Intervalo			Nado longo*
Sábado		Intervalo	Treino nº 4	
Domingo				DIA DA CORRIDA!

*Esses dois treinos são próximos da corrida de domingo, portanto, devem ser de metade da distância usual. Se você comumente faz um nado longo de 2000 metros, aqui faça 1000 e vá com calma. O mesmo vale para os intervalos curtos de quarta-feira: faça metade de quantos quiser, mas, mesmo assim, faça-os rapidamente. Acrescentando o restante, você vai se sentir ótimo e nadar muito bem no dia da corrida. Mais sobre a diminuição gradativa para eventos no capítulo 8.

Disciplina

Agora que você já tem uma meta e um plano, a peça final do quebra-cabeças é a disciplina para executá-los. Realmente, a natação é um esporte que exige certa dose de disciplina. Não é um esporte de "jogo" — você está sozinho na maior parte do tempo. Alguns dos meus amigos se referem afeiçoadamente à natação como uma "prisão de uma raia só".

Há algumas coisas que você pode fazer para garantir o sucesso. Se gostar de competir, entre em corridas, mesmo que ainda estejam a meses de distância. Aceito o compromisso, você vai ver que achará tempo para fazer os treinos. Programar o tempo para treinar é importante. Escreva em sua agenda como parte imutável de seu dia. Se houver uma equipe ou grupo por perto, inscreva-se e deixe que a força e a motivação dos outros o ajudem. A última palavra sobre disciplina é *equilíbrio*. De vez em quando, pule o treino e relaxe. Lembre-se de que o descanso (físico e mental) é tão importante quanto o treinamento.

As idéias que apresentei neste capítulo são como uma receita. Siga esse plano provado e verdadeiro e colha os benefícios.

8. DICAS PRÁTICAS DE NATAÇÃO

Dando o mergulho

Um dos maiores obstáculos em nadar regularmente é a apreensão que todos experimentamos à idéia de entrar naquele ambiente molhado, de fazer essas primeiras voltas quando o corpo todo parece dizer "caia fora". Mesmo quando a temperatura está amena, a água da piscina é sempre fria em relação à nossa temperatura interna de 35,3 °C. Não importa que sempre nos sintamos melhor depois de treinar; queremos evitar o choque produzido em nosso sistema pela submersão do corpo na água. A única maneira sensata de abordar o medo é se concentrar em quão bem você se sente depois de nadar. Imagine e pode ser que você se sinta mais apto para entrar na piscina e nadar. Lembre-se, a água não fica mais quente enquanto você delibera se entra ou não. Na verdade, quanto mais rápido você entrar, mais rápido poderá tomar um chuveiro quente.

Piscinas lotadas

Quando nadar em piscinas lotadas, tente se juntar aos nadadores que tenham afinidade com suas habilidades. A maneira mais eficaz de colocar muitos nadadores em uma só raia é nadar em círculo: nade de um lado da raia e volte pelo outro. O problema aqui é que todos os nadadores precisam estar nadando quase no mesmo ritmo. Isso raramente acontece em piscinas em que a volta está aberta a todos. Se puder convencer alguns amigos que têm quase a mesma velocidade que você a treinar junto e nadar em círculo, vocês serão os "donos" da raia.

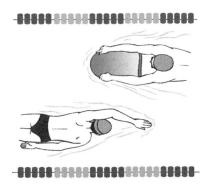

Nadando em círculo

81

Outra opção é dividir uma raia — dois nadadores lado a lado — mas o único problema é que o ponto de saturação da raia é o número de raias vezes dois nadadores por raia. O fundamental mesmo é tentar nadar quando a piscina não está lotada. Quando tudo mais falha, seja um pouco paciente: alguém já deve estar acabando de nadar. Use o tempo extra para alongar e pensar em suas metas.

Competir ou não?

Existem muitos aspectos positivos em competir; no entanto, não é absolutamente obrigatório para um bom nado ou programa de exercício. Quando falo de competição com algumas pessoas, elas ficam apreensivas e trazem uma porção de negações à conversa. Se você também ouve uma vozinha na sua cabeça dizendo coisas como:

"Odeio competição!"
"Não sou competitivo!"
"Detesto pessoas que competem!"
"Não agüento o estresse!"
"Competição me deixa nervoso e aborrecido!"

Eu pediria a você que considerasse o seguinte:

1. A competição tem muitas formas. Você pode competir contra você mesmo ou contra o relógio, se quiser ver a coisa por esse lado.
2. Competição é uma grande oportunidade para aprender o que o faz ficar "ligado". Quem sabe — aprender a gostar de uma competição amigável pode ajudá-lo a conseguir aquele emprego que quer, ou o homem/mulher dos seus sonhos!
3. As pessoas que gostam de competição vêem-na como uma oportunidade de obter recompensas por seus esforços.
4. A competição pode ser utilizada com uma ferramenta motivacional. Note que eu disse "utilizada". Ela nunca deve utilizar você. Quando diz coisas como "Se eu não derrotar Fulano hoje, desisto!", então a competição está usando você. Programar-se para competir numa corrida, no entanto, definitivamente motiva-o para se ater ao programa.
5. Acima de tudo, se você acha que a competição leva embora toda a graça da vida ou do esporte, não entre nela!

Há muito mais na competição do que habilidade atlética. O atleta verdadeiramente bom integra mente e corpo. Pequenas melhoras surgem com o tempo. Você sabia que muitos atletas de classe mundial tiveram de superar severas desvantagens e derrotas? Muitas vezes a derrota é uma bênção disfarçada: permite ao atleta a oportunidade de corrigir uma falha e acabar sendo melhor que antes. Os símbolos chineses para crise e oportunidade são os mesmos. Nós apenas não vemos a oportunidade tão rapidamente quanto gostaríamos. Preciso constantemente lembrar-me disso.

Competição: começar

Se você está na faixa etária de um universitário ou é mais jovem, um ou mais dos três tipos de competição de natação estão abertos para você: USS, escola e faculdade. "USS" é a sigla para "United States Swimming", que é a entidade dirigente da natação nacional de grupos competitivos por idade e de nível adulto nos Estados Unidos. Muitos nadadores de escolas e faculdades competem nos encontros fora de temporada do USS, uma vez que os programas do USS acontecem durante o ano todo. Os eventos de natação de escolas e faculdades são iguais aos do USS, mas com uma ênfase maior dada à pontuação das equipes. Por causa da disciplina exigida pela natação, muitos nadadores por grupo de idade também são ótimos estudantes e qualificados para bolsas de estudo nas melhores faculdades do país.

Embora os adultos possam se filiar ao USS e competir nos eventos de natação do USS, eles preferem mais freqüentemente a natação de masters. A natação de masters pode ser vista como natação por grupo de idade para adultos. Os nadadores vêm para a natação de masters com experiências variadas: alguns são ex-estrelas de faculdades ou de equipes olímpicas e querem sempre mais; outros são pessoas que nunca competiram em nada e estão aprendendo enquanto competem. Os eventos são organizados, porque você nada com pessoas que estão próximas à sua própria habilidade. Essa é a maneira de conseguir uma boa competição. Os nadadores que estão em seus 20 anos podem competir com nadadores de 40. Os tempos são classificados depois e a permanência compilada dentro dos grupos por idade.

Começando na idade de 20 anos, os grupos por idade são definidos a cada cinco anos. É interessante ver os nadadores entusiasmados por chegar aos 40 e "envelhecer". Existem eventos de masters locais, regionais, nacionais e internacionais. Os participantes são geralmente muito sociáveis e adoram nadar. Muitos planejam nadar pela vida toda. As equipes de masters são populares e podem fazer uma grande diferença em seu treinamento.

Há uma outra modalidade de corrida em piscina — a individual. Quero enfatizar que, embora as maneiras organizadas de competir já mencionadas sejam úteis por causa da organização, você sempre tem a opção de simplesmente cronometrar a si mesmo. Quando pensa nisso, no final das contas é isso mesmo que está fazendo: correndo contra você e contra o relógio.

Dicas de competição para o máximo desempenho

• Descanse e diminua seu treinamento (diminuição gradativa) na razão direta da importância do evento. Quanto maior o evento, mais longo é a diminuição gradativa e mais você deve descansar. Uma ou duas semanas antes do evento, reserve um tempo para praticar saídas e voltas. Para corridas realmente importantes, raspe todos os pêlos e veja o que a sensação de conforto pode fazer pelo seu nado. Quando um nadador diz: "estou raspado e afinado", atenção — ele geralmente está pronto para nadar velozmente. Se você estiver se raspando pela primeira vez, tenha cuidado. A primeira vez que raspei minhas pernas, passei a lâmina diretamente na canela. Um pedaço de pele saiu como uma casca de cenoura — não foi nada bonito. Se você é peludo, use o cortador antes de passar o creme de barbear e a lâmina. O processo de se barbear funciona por duas razões: reduz a resistência, pois não há pêlos; e depois, há aquela sensação de formigamento quando se tira a camada superficial de pele.
• Planeje tantos eventos de natação quanto possível. Se necessário, traga óculos de sol, chapéu e protetor solar para poder ficar ao sol. Traga óculos extras, bonés, maiôs, toalhas, roupas e comida, pois os eventos de natação geralmente duram bastante tempo.
• Uma vez que a maioria dos eventos é longa, prepare alguns lanches leves e saudáveis, comida e muita água. Um bom lanche deve incluir: bananas, qualquer fruta de que você goste, barras energéticas e bebidas de reposição de energia. Um evento não é a hora certa de experimentar novas comidas — fique com o que funciona. Só faça experiências durante o treinamento.
• Assegure-se de que está familiarizado com as paredes (e as raias) da piscina para as viradas e finalizações.
• Estude a velocidade do juiz de partida. Isso lhe dirá se deve antecipar o sinal ou ser mais paciente.
• Visualize a corrida positivamente, em cenários de 30 segundos por dia, nas semanas que a precedem. Quanto mais vívido e real você imaginar o quadro, mais eficaz será esse processo. Um pouco de música pode ajudar.
• Respire longa e profundamente para se acalmar antes de cada evento. Concentre-se na expiração.
• Sempre faça o desaquecimento e alongamento depois da competição, para ajudá-lo a se recuperar rapidamente.
• Reveja o evento e analise (se possível, com a ajuda de um treinador) o que deu certo e onde você pode melhorar.

Início da corrida

Qualquer tipo de mergulho é uma das atividades mais perigosas numa piscina. Por essa razão, nunca pratique o mergulho sem supervisão. Certifique-se de que a água é funda — quanto mais funda, melhor — mas, em mergulhos para corrida, 1,80 m é suficiente. As saídas são mais bem trabalhadas sob a supervisão de um treinador experiente.

Na corrida em piscina, o início é crítico e muitas vezes determina o vencedor — principalmente em corridas de velocidade. As saídas para nado livre, borboleta e nado de peito são iguais, exceto que a saída no nado de peito pode ser mais profunda porque você dá uma pernada e uma braçada antes de subir à tona. Falaremos da saída no nado de costas separadamente.

Por muitos anos acreditou-se que o melhor mergulho de corrida era aquele em que o nadador mergulha quase completamente na horizontal. No entanto, há cerca de 10 anos, os nadadores perceberam que podiam ir mais longe se pulassem mais alto no ar e mergulhassem mais fundo: na entrada, eles se curvam para a frente, como uma concha, e saem mais à frente do que o mergulho convencional permite. Existem três movimentos básicos para o mergulho de "concha": saída, entrada e extensão (concha). Depois da extensão você desliza e começa a braçada — o mesmo que faz depois de dar a saída.

Um começo de corrida inclui: tomar posição...

... sair (para cima e depois curvando na altura da cintura)...

... entrar na água (cuidando para que o corpo siga as mãos na mesma abertura)...

... e extensão ou "concha", dentro da água.

Saída

Embora algumas associações ainda usem suas próprias regras para o início, a competição internacional tem regras bem consistentes. Você deve começar em pé no meio do bloco de saída. Quando o juiz de partida diz "tomem suas posições", dê um passo à frente e dobre os dedos dos pés sobre a beirada do bloco. Curve a cintura e espere. Ao sinal (às vezes um tiro, outras um bipe) pule para cima e para fora.

Entrada

O objetivo na entrada é fazer com que as mãos e os pés furem a mesma abertura imaginária dentro da água. Isso significa usar uma posição ligeiramente pontuda.

Extensão (concha)

O objetivo da concha é transformar a energia acumulada (pela posição curvada do corpo) em um impulso para a frente. Quando entrar na água, estique o corpo e fique tão horizontal quanto possível. A conclusão desse movimento é muito parecida com o deslizamento da saída. Nesse ponto, comece a nadar.

Início no nado de costas

Os nadadores de costas começam a partir de uma posição diferente: com os pés (os calcanhares) na água. As fases do início são as mesmas: saída, entrada e extensão. Dê uma pernada de golfinho para trás debaixo da água para ganhar velocidade e ajudá-lo a atingir a superfície.

Dicas para nadas em águas abertas

- Todas as dicas de competição para máximo desempenho — com exceção dos inícios e viradas — se aplicam aqui.
- Sempre escolha uma touca bem colorida. Quando a água está abaixo de 18 °C, sugiro usar uma touca de neoprene para aquecer melhor; use a touca de látex brilhante sobre a de neoprene.
- Se estiver nadando de frente para o sol nascente (não é incomum), certifique-se de usar óculos pintados de cinza ou espelhados para ajudá-lo a enxergar. Às vezes o sol está tão ofuscante que você precisa se virar para trás e ver de onde vem para ajudá-lo a descobrir aonde ir.
- Nade um pouco com a cabeça fora da água (descrito no capítulo 4) nos treinos para se preparar para as bóias sinalizadoras. Pratique o nado de peito e o de costas; eles também são úteis quando você procura marcadores de curso. Quando a água está agitada, o nado de peito pode ajudá-lo a navegar e é uma maneira de descansar do nado livre, se precisar.

- Se estiver com um traje molhado de natação, use um lubrificante (*spray* de silicone é o melhor; não use vaselina) nas áreas do pescoço e dos ombros. Em caso de triatlon, ponha um pouco nas panturrilhas para facilitar uma rápida troca de roupas.
- Conheça o trajeto. Nade um dia ou dois antes, se possível. No dia da corrida, analise o trajeto antes de nadar para pegar a melhor posição de largada — a que lhe permita nadar na raia mais curta possível. Observe os outros atletas se aquecerem; veja se eles são arrastados para um lado ou para o outro. Essa informação será valiosa quando você decidir onde entrar na água. Ela também lhe mostrará se as condições do trajeto mudaram desde o dia anterior. Não é difícil que a corrente mude de direção de um dia para outro.
- Utilize a técnica de virar sobre as costas para contornar as bóias rapidamente. Essa técnica é fácil de dominar com um pouquinho de prática. Aproxime-se da bóia e vire sobre as costas, em direção à bóia. Continue a rolar sobre o estômago e gire 90 graus. Desse modo, você pode manter a velocidade e economizar tempo.
- Pratique resistência na piscina enquanto nada em círculos. Isso o ajudará quando estiver em águas abertas. Certifique-se de que o nadador que você está seguindo esteja nadando em linha reta. Não vá com fé cega.
- Jogue pólo aquático sempre que puder. Essa é a melhor maneira de se preparar para o intenso exercício físico de nadar em águas abertas. Sim, natação em águas abertas é, pelo menos às vezes, um esporte de contato. Ponha os óculos dentro da touca, de modo que, se eles saírem do seu rosto, você possa recolocá-los. Se algo ou alguém bater em você, faça um pouco de nado de peito leve para recuperar o fôlego e — se não estiver ferido — continue.
- Não comece na primeira fila, a não ser que mereça estar lá. Você pode se machucar! Coloque-se na posição adequada. Se é tímido, pegue uma raia externa. Você pode acabar nadando um pouquinho mais, mas provocar uma confusão pode tirá-lo da corrida.
- Ritmo: comece com um ritmo moderado (a menos que seu objetivo seja a posição de liderança) e vá construindo o seu nado. Force o ritmo entre um terço e dois terços do percurso da corrida. No triatlon, diminua o ritmo ligeiramente no final para começar a visualizar a transição para a bicicleta.
- Pratique séries de nado mais longas e rápidas, para simular o nado de uma boa direção em volta das bóias. Isso o ajudará a tolerar um ácido láctico elevado e depois estabelecer um ritmo.
- Aprenda a correr bem, de modo que possa "pular de grupo" — correr de um pelotão de nadadores para outro, ficar no vácuo deles por algum tempo e continuar.

- Pratique a respiração bilateral para que possa ver de ambos os lados sem parar.
- Pratique entrar na orla da praia como golfinho: correndo e mergulhando até que a água esteja funda o suficiente.
- Nos triatlons, certifique-se de praticar a divisão negativa dos nados; isso o ajudará a se sentir mais forte no final do segmento de natação.

Natação em Triatlon – Dicas para o dia da corrida

Tente dormir bem duas noites antes da corrida, uma vez que você está geralmente menos excitado. Procure terminar qualquer trabalho e responsabilidades a fim de estar com a cabeça leve. Arrume logo a mochila de corrida — preferivelmente na noite anterior — usando uma lista. Você pode começar com esta a seguir e acrescentar seus itens pessoais.

CHECKLIST

Números da corrida
Marcador mágico
Maiô
Óculos
Touca
Toalha
Traje molhado de natação
Lubrificante
Bicicleta
Capacete
Tênis de ciclismo
Roupas de ciclismo (opcional — muitos triatletas correm com seus trajes de natação)
Tênis de corrida e meias
Roupas de corrida (opcional — muitos triatletas correm com seus trajes de natação)
Bomba de chão
Bacia de água (para lavar os pés depois de nadar)
Garrafas de água
Comida energética (se for uma corrida longa)

Depois de verificar seu *checklist* na noite anterior, tente descansar. Quando corri no Ironman do Havaí, lembro-me de ficar olhando para o céu a noite inteira. Eu não estava preocupado, já que não esperava ter sono — queria apenas um descanso para o corpo.

Devido ao fator de ansiedade pré-corrida, geralmente não é problema levantar cedo na manhã da corrida. Isso é bom, já que você precisa comer alguma coisa — quanto mais cedo, melhor. Tente comer de uma hora e meia a três horas antes do evento. A quantidade depende da duração da corrida. Se a corrida for de menos de duas horas, coma pouco — talvez uma torrada ou uma barra energética e água. Se durar mais de duas horas, coma uma refeição mais substancial, tal como aveia e suco. Faça o que for melhor para você e nunca, nunca tente algo novo no dia da corrida. Os triatletas chamam isso de erro de novato. Isso vale para qualquer coisa nova também: comida, tênis, bicicleta, roupas e assim por diante. Acima de tudo, beba muita água. Chegue cedo ao local da corrida e apronte seu equipamento. Fique confiante ao saber que fez seu treinamento e está preparado para a competição.

9. TREINAMENTO DE FLEXIBILIDADE

A flexibilidade é muitas vezes um aspecto negligenciado quando se trata de boa forma e desempenho. Ao longo do curso natural da vida, os músculos se atrofiam. À medida que você envelhece, você perde seu raio de mobilidade. Também pode perder o raio de mobilidade por causa de ferimentos e uso excessivo dos músculos. Quando vê alguém que esbanja saúde e juventude, pode não ser óbvio, mas a flexibilidade está no centro do que você vê. Uma pessoa curvada e que dá passinhos curtos (basicamente, alguém inflexível) não parece, não age ou se sente vibrante e saudável. A boa notícia é que a flexibilidade e, portanto, o raio de mobilidade, pode ser restaurada e melhorada pelo alongamento.

Minha pesquisa sobre flexibilidade e treinamento me levou a conhecer e a trabalhar com Aaron Mattes, o pioneiro do Active Isolated (AI) Stretching (alongamento ativo isolado). Achei os métodos dele mais úteis, eficazes e agradáveis do que todas as outras formas de alongamento. Ele escreveu um livro excelente intitulado *Active and Assistive Isolated Stretching*, que recomendo não apenas comprar, mas usar. Nesse livro, ele discorre sobre o corpo inteiro — muito mais do que eu poderia fazer neste único capítulo.

Este capítulo serve de introdução ao alongamento AI, cobrindo brevemente os princípios e práticas da flexibilidade do ombro. O raio de mobilidade do ombro é muito importante na natação. Um raio de mobilidade que seja de bom a excelente originará braçadas mais longas e eficazes. O alongamento do ombro é parte integral da reabilitação do ombro e da prevenção de lesão. O pescoço, os quadris, as pernas e o tronco também são muito importantes e devem ser abordados do mesmo modo.

Os exercícios de alongamento evoluíram de balístico (movimento vigoroso repetitivo de um corpo) para estático e para isolado ativo. O "alongamento balístico" envolve o uso de movimentos de contração muscular até chegar a um determinado ponto de alongamento. Já foi totalmente abandonado, pois coloca um tremendo estresse nos músculos e tendões e pode causar lesão. "Alongamento estático" é uma abordagem mais moderada: você alonga vagarosamente além do confortável e segura por 20, 30, 60 segundos ou mais. Embora seja popular, esse método ignora o princípio mais básico da fisiologia muscular, o reflexo de alongamento. Para se proteger, o corpo responde (em aproximadamente dois segundos) ao alongamento contraindo o próprio músculo que você quer esticar. Portanto, com o alongamento estático, você acaba lutando contra si mesmo e entrando num tipo de cabo-de-guerra.

O alongamento ativo isolado tem três grandes vantagens — na verdade, os princípios nos quais se baseia:

1. Contrair não o músculo desejado, mas o músculo oposto a ele; isto tem o efeito fisiológico de relaxar o músculo que quer esticar.
2. Segurar o alongamento por apenas dois segundos, evitando assim entrar no alongamento reflexo.
3. Repetir o movimento de 8 a 10 vezes. Permite que você progrida a cada repetição e também tem o efeito de banhar os músculos com sangue fresco. Quando feito adequadamente, esse tipo de alongamento apressa a cura e a recuperação por causa do influxo de sangue fresco (nutrientes). Concentrar-se na respiração durante todo o alongamento, aumenta o fluxo e a oxigenação dos tecidos. Essa é a razão pela qual ele é mais eficaz do que a massagem para recuperação.

Essas vantagens também descrevem a técnica básica do alongamento ativo isolado. Tudo o que você tem a fazer é aprender seus movimentos e seguir seus princípios. Vou mostrar apenas alguns dos movimentos principais para os ombros, pois novamente insisto em que você consiga o livro de Aaron Mattes e faça o máximo que puder desse tipo de alongamento.

Círculos com os braços (Circundução)

Curve-se até a cintura e balance os braços em círculos opostos (isto é, braço direito em sentido anti-horário, braço esquerdo em sentido horário). Faça 10 balanços e depois mude as direções. Isso não é alongamento, mas exercício de aquecimento (aumenta o fluxo sangüíneo) dos ombros.

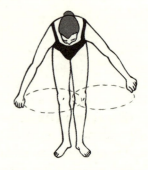

Círculos com os braços para aquecer a área do ombro

Braços abertos para o lado e para trás (abdução horizontal)

Em pé, ereto, de preferência olhando num espelho, leve os braços para fora e para trás. Mantenha essa posição esticada por 2 segundos e repita 10 vezes. A cada repetição, leve os braços um pouco mais para o alto e mais para trás. Isso alonga o peito.

Braços abertos para o lado e para trás

Braços esticados para trás (hiperextensão)

Em pé, ereto, de preferência olhando num espelho, levante os braços para trás de seu corpo. Mantenha essa posição esticada por 2 segundos e repita 10 vezes. Isso alonga os bíceps e a parte da frente dos ombros.

Braços levantados para trás

Rotação externa

Em pé, ereto, de preferência olhando num espelho, levante os braços para o lado, dobrando os cotovelos para cima num ângulo de 90 graus. Gire os ombros para trás. Mantenha essa posição esticada por 2 segundos e repita 10 vezes. Isso alonga os músculos rotadores dos ombros.

Rotação externa

Rotação interna

Em pé, ereto, de preferência olhando num espelho, levante os braços para os lados, com os cotovelos num ângulo de 90 graus para baixo. Gire os ombros para a frente. Mantenha essa posição esticada por 2 segundos e repita 10 vezes. Isso alonga os rotadores externos dos ombros.

Rotação interna

Braço cruzando o peito (flexão horizontal)

Em pé, ereto, de preferência olhando num espelho, cruze um braço sobre o peito. Ajude com a outra mão. Mantenha essa posição esticada por 2 segundos e repita 10 vezes. Isso alonga o músculo deltóide.

Braço cruzando o peito, mantendo o ombro para baixo

Braço cruzando o peito, mão nas costas (flexão horizontal)

Essa é uma pequena variação do alongamento com braço cruzando o peito. Em pé, ereto, de preferência olhando num espelho, cruze um braço sobre o peito. Solte a mão sobre o ombro e passe os dedos para baixo pelas costas. Ajude o cotovelo com a outra mão. Mantenha essa posição esticada por 2 segundos e repita 10 vezes. Isso alonga o músculo deltóide.

Braço cruzando o peito, passando a mão nas costas.

Alongamento do tríceps

Embora esse não seja, tecnicamente, um alongamento do ombro, é importante para a flexibilidade dele. Em pé, ereto, de preferência olhando num espelho, levante um braço e leve-o para trás com o cotovelo dobrado. Ajude o cotovelo com a outra mão. Mantenha essa posição esticada por 2 segundos e repita 10 vezes. Isso alonga o tríceps.

Cotovelo para trás para alongar o tríceps.

Apertar as mãos atrás (aperto posterior de mão)

Em pé, ereto, de preferência olhando num espelho, tente agarrar as mãos em cada direção. Se não conseguir, simplesmente use uma corda e avance as mãos devagar, uma em direção à outra. Mantenha essa posição esticada por 2 segundos e repita 10 vezes. *Nota*: esses exercícios devem ser feitos sem dor. Qualquer tipo de dor pode indicar lesão e deverá ser tratada por um profissional de saúde.

Mãos apertadas nas costas

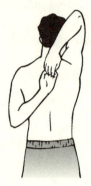

– – – –

A execução desses alongamentos antes e depois de nadar vai melhorar seu nado e sua recuperação. Novamente, insisto em que você estude esse método para o corpo inteiro e aproveite os benefícios da flexibilidade total. Quanto mais eu trabalho com as pessoas, mais vejo que a flexibilidade é a base da saúde e da boa forma.

10. TREINAMENTO DE FORÇA

Um programa de treinamento de força — como o de alongamento — deve abranger o corpo todo. A cada ano, mais pesquisas exaltam os benefícios salutares do condicionamento de força (às vezes chamado de "treinamento de pesos"). Posso dizer, pela minha experiência como treinador pessoal, que o treinamento de força é uma das pedras fundamentais da saúde. Ajuda a prevenir osteoporose, aumenta a confiança e melhora o desempenho. O treinamento de força é para todas as idades — especialmente para os idosos. As crianças (inclusive os adultos jovens) não devem levantar pesos pesados porque seus ossos ainda estão crescendo. Eles devem se concentrar mais em exercícios de alongamento que usam o peso de seus corpos como resistência: flexão de braços no chão, levantamento na barra e agachamento.

Dois exercícios se destacam entre os principais movimentos de natação: puxada do músculo dorsal e "barras paralelas". Esses exercícios fortalecem os músculos dorsais e tríceps, respectivamente — que são importantes para um impulso poderoso. Para maximizar o benefício de trabalhar esses músculos específicos, equilibre a força crescente deles treinando também os músculos do restante do corpo.

Como já mencionei várias vezes, o ombro é o calcanhar-de-aquiles do nadador. Técnica pobre, flexibilidade pobre e falta de força podem levar à vulnerabilidade dele. Diferentemente dos quadris, o ombro não é mantido no lugar completamente por sua estrutura. O ombro (tecnicamente, a junta gleno-umeral) é reforçado pelo apoio do músculo ativo. Quatro músculos formam a bainha tendínea em volta da junta (uma vez que dois desses são rotadores, esses músculos muitas vezes podem ser chamados coletivamente de "bainha do rotador"): supra-espinhal, fáscia infra-espinhal, redondo menor e subescapular. Você pode se referir a eles como músculos "intrínsecos" do ombro. Quando todos eles são flexíveis e fortes, o ombro tem muitos movedores de braço e isso fornece uma mobilidade quase ilimitada.

Uma vez que esses músculos são tão importantes, sugiro que você execute a rotina a seguir, mesmo que não faça outro treinamento de peso. Os pesos são leves e você não precisa de uma academia. Há até mais exercícios de bainha tendínea do que mostro aqui. Se essa for uma área problemática para você, consulte um médico e procure um bom fisioterapeuta — que tenha boa experiência nessa área.

Rotina para o músculo deltóide (músculos intrínsecos do ombro)

Esses exercícios devem ser feitos com pesos leves. Alguns atletas começam com meio quilo ou até nada de resistência! Tudo bem; você estará fazendo com 2,5 quilos ou 5 quilos muito em breve. Concentre-se na forma e na respiração.

O ritmo e a respiração corretos para este e todos os treinos de força devem ser da seguinte maneira: no movimento positivo (levantando ou puxando o peso), expire. Faça esse movimento positivo em número de dois. No movimento negativo (trazendo o peso de volta), inspire. Faça o negativo em número de quatro. O movimento negativo é onde a maior força é obtida.

EXERCÍCIO	BREVE DESCRIÇÃO
Levantamento lateral	Sentado ou em pé, de preferência olhando no espelho, levante os braços para fora, na altura dos ombros.
Levantamento posterior	Sentado ou em pé, de preferência olhando no espelho, levante os braços para trás, o mais alto que puder.
Levantamento anterior	Sentado ou em pé, de preferência olhando no espelho, levante os braços à sua frente, na altura dos ombros.
Rotadores internos	Deitado de lado e usando o braço de baixo, gire o ombro internamente (traga a mão até o peito). Vire do outro lado e repita com o outro ombro.
Rotadores externos	Deitado de lado e usando o braço de cima, gire o ombro externamente (leve a mão para fora do corpo). Vire do outro lado e repita com o outro ombro.
Encolher os ombros	Sentado ou em pé, de preferência olhando num espelho, encolha os ombros para a frente num movimento circular. Repita o movimento de encolher do modo contrário.

Como você vê, esses exercícios podem ser feitos com facilidade enquanto assiste ao noticiário ou conversa com sua família. É isso mesmo: nada de desculpas. Já vi muitos nadadores serem desnecessariamente preteridos apenas porque negligenciaram esses músculos.

Para aumentar a força dos músculos, é preciso trabalhá-los de duas a três vezes por semana. Faça de uma a três séries de cada exercício, com 10 a 15 repetições em cada série. Quando você puder alcançar facilmente 15 repetições sem esforço, é hora de aumentar a resistência em 5 a 10 por cento. Para exercícios de flexão de braços, que usam seu próprio peso, simplesmente continue a aumentar as repetições sem esforço. Assim como na natação, a técnica é a parte mais importante do treinamento de força. Não importa quanto peso você consegue levantar se estiver fazendo isso aos solavancos, ou usando o momentum ou outros músculos.

Especifidade

O banco sueco é um dispositivo de treinamento de força muito eficaz e eficiente para os nadadores, porque utiliza o princípio da especificidade — com ele, você utiliza os músculos da mesma maneira que os usa ao nadar. O problema é que são muito caros. Porém você também pode fazer seu próprio dispositivo com tubos cirúrgicos que será igualmente eficaz e custará pouco dinheiro. De certo modo, os dispositivos de tubos cirúrgicos são superiores aos treinadores de natação mais caros. Usando a tubulação cirúrgica, a resistência aumenta à medida que você estica mais. Isso promove a braçada "leve na frente e acelerada no final", a que me referi no capítulo 2. (Veja o Apêndice B para instruções sobre como fazer seu próprio treinador de natação.)

Ao fazer seu próprio dispositivo de treino ou comprar um, o princípio do uso é o mesmo. É deixar para trás o condicionamento de força-padrão, que isola os músculos. Para o equilíbrio da força corporal total, o isolamento é a resposta. Para especificidade de movimento e economia de tempo, no entanto, o treinamento de especificidade vence. Minha sugestão é um pouco de cada.

Sugestão de programa de treinamento de força para nadadores

- Primeiro, comece com uma rotina completa de alongamento (veja o capítulo 9).
- Segundo, alongue os músculos intrínsecos do ombro, completando a rotina do músculo deltóide (veja a página anterior)
- Terceiro, para o treinamento de especificidade, complete 3 séries (30 repetições cada) de movimentos de banco sueco, cada série consistindo de flexão de cotovelo e fases de puxada do ciclo do braço. No início, o alvo desse exercício é a mecânica da braçada; mais tarde, você poderá se concentrar na intensidade (veja o apêndice B).

• Finalmente, os exercícios que seguem podem ser feitos numa academia com halteres ou máquinas. Se você não está familiarizado com treinamento de pesos, consulte um livro (veja apêndice C) ou arranje um treinador pessoal ou um fisioterapeuta que possa mostrar-lhe como fazer.

Nota: Sempre que possível, use halteres e trabalhe os membros separadamente. O motivo é que isso ajuda a trabalhar o equilíbrio e libera seu raio de mobilidade sem exigir compensação do lado mais forte. Mantenha um diário. Alterne dias de treino pesado com dias de treino leve (periodização). Uma boa maneira de começar um programa é se matricular numa academia bem equipada e ter uma aula ou duas com um treinador para ser orientado no uso do equipamento.

EXERCÍCIO	MÚSCULOS	TIPO DE EQUIPAMENTO
1. Agachamento	Glúteos, quadríceps	Máquina ou halteres
2. Extensão da perna	Quadríceps	Máquina
3. Ondulação da perna	Tendão do joelho	Máquina
4. Elevação da panturrilha	Grupo da panturrilha	Máquina
5. Puxada do grande dorsal	Dorsais	Máquina ou halteres
6. Flexão de braços	Peito	Nenhum
7. "Barras paralelas"	Tríceps, deltóides	Máquina
8. Suspensão na barra	Braços, ombros, costas	Máquina
9. Pressão nos ombros	Deltóides	Máquina ou halteres
10. Ondulação do bíceps	Bíceps	Máquina ou halteres
11. Extensão do tríceps		Máquina ou halteres
12. Flexões (joelhos a 90 graus)	Tríceps	Nenhum
13. Abdominal reverso	Abdominais	Nenhum
14. Hiperextensão	Abdominais	Nenhum
15. Torcida de tronco, 100–200	Lombares	Nenhum ou halteres

Embora seja uma parte opcional de seu programa de treinamento, o treinamento de força pode trazer grandes dividendos em razão do tempo que investir nele. Também faz bem ao ego quando você começa a ver uma nova definição de músculos. Conheço muitos nadadores, inclusive eu próprio, que preferem perder uma sessão de natação a uma sessão de pesos. A musculação produz realmente uma grande euforia. Muitas pessoas temem que levantar pesos as fará parecer muito musculosas. Não se preocupe. Os musculosos levantam pesos quatro horas por dia, seis dias por semana e tomam suplementos vitamínicos especiais. Eles também fazem séries de uma ou duas repetições com pesos pesados, a fim de realmente destruir os músculos e depois torná-los mais fortes. Em vez disso, experimente o programa descrito neste capítulo, com a ajuda de um treinador. Sinta a força em seu corpo e veja a definição.

11. NUTRIÇÃO

Lixo para dentro, lixo para fora.

Seleção adequada de alimentos, hidratação e refeições nas horas certas são cruciais para boa saúde e ótimo desempenho. Juntos, eles podem aumentar sua competitividade atlética ao fornecerem o combustível necessário para energia e desenvolvimento e reparo dos tecidos.

Certamente não há falta de informação nutricional disponível — manuais e vídeos são abundantes nas prateleiras das lojas. Com tanta informação, selecionar uma dieta saudável pode ser difícil. Não somente existem muitas opções, mas as necessidades de cada pessoa são diferentes. Algumas têm alergia a certos alimentos ou sensibilidades que precisam ser respeitadas. Além do mais, o estresse pode mudar as necessidades de nosso corpo. Acredito que nenhum programa ou relação entre gordura, carboidrato e proteína é o ideal para todo mundo ao mesmo tempo. Dito isso, posso fornecer algumas linhas gerais que acho úteis não apenas para minhas ambições atléticas, mas também para os muitos clientes e atletas com quem trabalho.

O quê?

Imagine que você tem uma Ferrari novinha em folha. Que tipo de combustível poria nela? Imagino que o melhor que existe. Quanto combustível você poria nela? Qualquer coisa entre meio tanque e tanque cheio, certo? Já que é mais difícil dizer quando você está cheio, por algumas razões. O seu tanque pode se expandir, fazendo com que você o encha demais. Além disso, existe uma defasagem entre o momento em que você está fisicamente cheio e o momento em que "se sente" cheio. Acho que seu corpo é mais importante que um carro, não concorda?

Quanto mais incorporar alimentos integrais não processados em sua dieta, tanto melhor você se sentirá e mais eficiente será seu desempenho. E quanto mais alto for o conteúdo de água, tanto melhor será o alimento. Frutas e vegetais são a chave. De vez em quando é bom fazer um suco, pois esse processo permite uma fonte mais concentrada de vitaminas e minerais. Você também deve dar ênfase aos cereais de grãos integrais e pão em sua dieta, porque esses alimentos fornecem calorias de carboidratos para abastecer os tecidos dos músculos e do cérebro (afinal, a natação é o esporte dos pensadores). Diminua ou limite o consumo de carne, gordura saturada, café, álcool e açúcar refinado. A evidência de que essas substâncias contribuem para doenças é grande. Nós realmente precisamos de um pouco de gordura — você verá que a dieta sem gordura vai acabar logo — para a produção de hormônios e para lubrificar os órgãos. No entanto, consuma apenas gorduras de alta qualidade, como azeite de oliva e outros óleos vegetais, abacate e assim por diante. Um pouco de gordura (15 a 30 por cento na dieta) ajudará a manter um nível alto de energia.

Manter-se bem hidratado é tão ou mais importante do que escolher os alimentos adequados. Beba bastante líquido, especialmente água. A água perfaz a maior porcentagem do corpo e está presente em quase todos os processos — estabilizando a temperatura do corpo, transportando nutrientes, convertendo gordura em energia e assim por diante. A ingestão inadequada de líquido reduz a habilidade do corpo em desempenhar essas tarefas e limita a capacidade de atingir seu potencial.

Os suplementos vitamínicos podem ser úteis, mas deveriam, em minha opinião, ser prescritos por um profissional experiente. Alguns treinadores pessoais são muito experientes em nutrição, mas a melhor escolha é um nutricionista esportivo ou um quiroprático. Procure trabalhar com alguém que não venda vitaminas; o pessoal de vendas tende a influenciar os outros. Minha recomendação pessoal de suplementos vitamínicos é uma combinação múltipla de vitaminas e minerais em pó. O pó pode ser misturado ao suco para facilitar a maneira mais eficaz de tomar os suplementos: seu corpo não precisa quebrar uma pílula e recebe o benefício de tomar um líquido adicional.

Quando?

Imagine que está viajando de carro. Você abastece antes de sair ou depois de ter dirigido por 1.000 quilômetros? Parece simples, no entanto, freqüentemente passamos o dia todo com o tanque vazio e o enchemos antes de ir para cama. Então, nos perguntamos por que fomos mal no trabalho, não tínhamos energia, estávamos irritados, dormimos mal e tivemos problemas em ficar acordados durante o dia todo. Acredito que isso causa sofrimento e estresse desnecessários em nossas vidas.

Quando você come pode ser tão importante quanto o que você come. Tome um farto café da manhã logo cedo ou, se sua agenda incluir um exercício matutino, tão logo seja possível depois dele. Procure dividir as refeições e fazer como os animais — lambiscar. Os nutricionistas estão começando a ver os benefícios de várias pequenas refeições espaçadas durante o dia. Lambiscar frutas e vegetais entre as refeições é uma ótima maneira de obter vitaminas, minerais e energia. Coma coisas leves no jantar e não muito tarde — uma vez que nosso corpo está começando a diminuir sua atividade e se preparando para descansar, não devemos sobrecarregá-lo com o difícil trabalho de digerir grandes refeições. Para os que estão tentando perder peso, comer tarde é um suicídio para a dieta. Mais calorias são armazenadas como gordura se comidas à noite do que o seriam mais cedo.

Se você é do tipo que passa o dia sem comer ou entorna café, refrigerante, doces ou "muffins" para se manter durante o dia, quero propor um desafio de 7 dias. Você topa? Comprometa-se a tomar um café-da-manhã saudável e almoçar, lambiscar frutas e vegetais entre as refeições e fazer um jantar leve durante sete dias. Aposto que vai se sentir melhor do que imagina — isso pode até mudar sua vida. Acho que você é mais valioso do que uma Ferrari, mas não importa o que eu penso. O que você pensa? Vá firme. Claro, que se você faz exercícios intensos à noite, das sete às nove, vai precisar comer um pouco mais à noite. Mas não vá começar o treino com estômago vazio e depois atacar a geladeira durante duas horas. Sei por experiência própria que isso é contraproducente.

Mantenha lanchinhos saudáveis à mão, caso tenha de atrasar ou perder uma refeição. Lanchinhos como frutas, água engarrafada, nozes, sementes e barras energéticas são o ideal. Mas procure não pular as refeições.

A nutrição adequada é um assunto pessoal e subjetivo. Experimente algumas idéias dadas aqui. Leia alguns dos livros recomendados. Procure pessoas que estão obtendo resultados. Depois ouça seu próprio corpo e mente e desenvolva hábitos alimentares que lhe sirvam.

12. TREINAMENTO CRUZADO

Caso não tenha percebido, eu adoro nadar! No entanto, a natação não é a resposta para tudo. Não é "o único exercício de que preciso". Certamente é uma ótima forma de exercício aeróbico. E, embora seja indiscutivelmente o melhor exercício total, tem falhas em algumas áreas. Uma delas é o fortalecimento dos ossos. Os ossos somente conseguem manter a força a partir de exercícios com pesos, tais como treinamento com pesos e corrida. Como já disse no capítulo 10, mais e mais estudos mostram os benefícios do treinamento com pesos para manter uma estrutura forte e prevenir e tratar a osteoporose.

Outra área em que a natação falha é a perda de peso. Nadar não é a melhor maneira de manter ou perder peso. Há algumas razões para isso. Ficar na água esfria o corpo e baixa o consumo de calorias. Ficar na posição horizontal não trabalha tanto o coração quanto forçá-lo a bombear contra a gravidade — como correr, por exemplo. Finalmente, o corpo se adapta a ficar na água criando uma camada subcutânea de gordura para flutuação e proteção (principalmente se a água for fria). Mas, por favor, não permita que essa informação o faça abandonar a natação. Se está preocupado em perder peso, complemente a natação com corrida, bicicleta, subida de escadas ou outra atividade aeróbica.

Há duas variáveis importantes no consumo de calorias: a duração e a intensidade da atividade. Duração é o tempo do exercício; deve variar entre 30 e 60 minutos. Sempre use um monitor de batimento cardíaco para medir a intensidade de seu exercício. Treine no seu limite-alvo. Permitir que a taxa de batimentos caia abaixo do limite-alvo por mais de uns poucos minutos reduz enormemente o benefício do exercício. O limite-alvo é definido como de 60 a 75 por cento da taxa máxima de batimentos cardíacos (os especialistas ainda não têm certeza absoluta, mas tenho tido ótimos resultados com meus clientes na taxa de 70 por cento). Como exemplo, se você for a um cardiologista fazer um teste ergométrico (o que insisto com clientes de mais de 40 anos que estão começando um programa) e ele disser que sua taxa máxima é 170, então seu limite-alvo será 119. O melhor do treino aeróbico é o aumento do metabolismo e o consumo de calorias. O efeito cinergético da natação junto com outras atividades é a chave da saúde para a vida toda e da boa forma. O treinamento cruzado fornece o melhor de tudo e também evita que você fique entediado.

Os exercícios em geral, e a natação em particular, são um dos três pontos que compõem o que chamo de "tríade da saúde": mente (atitude, espiritualidade), corpo (exercício) e dieta. O equilíbrio dessas três áreas é a arte de viver saudável.

"A beleza está no equilíbrio."

GLOSSÁRIO

Adução — é o movimento de um membro em direção ao corpo (isto é, a fase de puxar do ciclo do braço).

Alinhamento — é a posição fluida e aquadinâmica do corpo, desejada por todos os nadadores para minimizar a resistência.

Conjunto — é uma série de nados que perfazem uma parte de um treino, por exemplo, um conjunto principal.

Corrente — imagine as linhas formadas quando a água faz contato com o corpo do nadador e desliza em volta dele. Essas linhas (correntes) formam a corrente. Para minimizar a resistência, os únicos movimentos que devem ocorrer para fora da corrente são os que ajudam a mover o nadador para a frente (como puxar e dar pernada).

Cotovelo alto — cotovelo alto, durante a fase de puxada do ciclo do braço é crucial para todas as braçadas e é o resultado de uma boa flexão de cotovelo.

Decréscimo — é quando cada nadada sucessiva numa série é mais rápida que a anterior.

Diminuição gradativa — é o ato pelo qual um atleta reduz gradualmente a intensidade e a duração de seus treinos, a fim de se preparar para um evento ou competição.

Divisão negativa — é quando um nadador faz a segunda metade do nado mais rápida do que a primeira.

Elevação do ombro — é o levantamento da cintura escapular (um movimento para a frente a partir da posição horizontal de nadar), que é muito importante para obter a máxima extensão da braçada.

Flexão de cotovelo — é o ato pelo qual um nadador dobra o cotovelo, debaixo da água, para criar uma grande superfície de puxada para a fase de puxada do ciclo do braço. Não é um movimento de força, mas é essencial para a fase forte de puxada de cada braçada. Veja rotação medial.

Golfinho — é a técnica de entrar na água a partir da linha da praia, segundo a qual um nadador repetidamente corre, pula e mergulha na água até que a água esteja profunda o suficiente para que ele comece a nadar.

Intervalo — é um treino com três variáveis: extensão do nado, número de repetições e tempo de intervalo. Por exemplo, um treinador pode pedir que você nade 100 metros em nado livre, 5 vezes, começando cada 100 metros a cada 2 minutos: 5 x 100 em 2. Se você levar 1 min 45 s para completar os 100 metros em nado livre, então terá 15 segundos de descanso antes da próxima nadada.

Levantamento — é a força criada num ângulo de 90 graus para opor uma força contrária (isto é, a força que põe — e mantém — os aviões no ar). Em natação, o levantamento ajuda a manter o corpo para cima e mover-se para a frente.

Padrão de puxada em S — é o padrão feito, quando visto de baixo, durante a fase de puxada do ciclo do braço. Muitos bons nadadores usam essa técnica para maximizar os benefícios de remar e puxar contra água parada, em oposição a água que já está se movendo.

Pegada — combinação de flexão do cotovelo e rotação medial do ombro.

Percurso curto — competições de colégios e faculdades são travadas na piscina mais comum, de 25 metros, geralmente chamadas de curso curto.

Percurso longo — todas as competições internacionais, inclusive as olimpíadas, são travadas numa piscina de 50 metros, geralmente chamadas de curso longo.

Recorde pessoal — é o melhor tempo de um nadador em um evento em particular, geralmente chamado de R.P.

Remada — é o ato de mover um membro para trás e para a frente a fim de criar força num ângulo de 90 graus. Isso explica porque, a cada braçada, um nadador não puxa simplesmente para trás, mas forma um padrão de puxada em forma de S e porque a pernada é um movimento para cima e para baixo que cria propulsão para a frente.

Resistência — é a pressão que se contrapõe ao movimento para a frente do nadador. Há várias maneiras de um nadador minimizar a resistência: usar um maiô de lycra ou náilon, usar uma touca, raspar os pêlos do corpo e manter-se na corrente tanto quanto possível.

Ritmo — quando um nadador alcança um bom tempo entre puxada, pernada e rotação, há geralmente um efeito cinergético que faz seu nado ser rítmico e quase autopropulsor.

Rotação do eixo longo — é a rotação do corpo inteiro ao longo de uma linha imaginária que vai da espinha do nadador até o topo de sua cabeça. Às vezes é chamado de rolar o corpo.

Rotação medial — é a rotação de uma junta em direção à linha medial. Quando braço e mão estão acima da cabeça, a rotação medial do ombro realmente movimenta o braço e a mão para fora. Combina-se com a flexão do cotovelo na "puxada".

Sentir a água — é o sentido ou instinto de procurar água parada para a propulsão para a frente. Um nadador pode gerar mais força empurrando contra água parada do que contra água que já está se movendo.

Série principal — é a série no meio do treino do nadador, e que requer maior esforço; consiste geralmente de corridas, intervalos e um nado longo.

Vácuo — é o ato de nadar perto o suficiente do nadador mais próximo, para que ele tenha de lidar com a maior parte da resistência da água. Você pode economizar de 20 a 30 por cento de sua energia ao nadar no vácuo.

Volta/extensão — em todos os esportes, uma volta é igual a "ida e volta". Na natação, isso é igual a duas extensões da piscina, mesmo que muitos técnicos realmente queiram dizer uma extensão quando dizem uma volta.

APÊNDICE A

LESÕES CAUSADAS PELA NATAÇÃO

Ouvido do nadador

Alguns nadadores têm problema ao tirar a água do canal auditivo depois de nadar. Álcool num cotonete pode ajudar. Se o problema persistir, procure um médico e tente usar um par de protetores de ouvidos.

Dores no ombro

Em primeiro lugar, tenha 100 por cento de certeza de que sua braçada está correta. Uma braçada mal-feita pode causar problemas no ombro. Se a dor é aguda, você precisará "dar um tempo" na natação e consultar um especialista esportivo imediatamente. No caso de simples tendinite, gelo, massagem, alongamento e fortalecimento geralmente funcionam. Novamente, consulte um especialista se a dor persistir.

APÊNDICE B

INSTRUÇÕES PARA FAZER UM "BANCO SUECO"

Material necessário

• Compre 1,80 m de mangueira ou tubo cirúrgico com 60 mm de espessura em empresa de suprimentos cirúrgicos.
• Compre um pacote de nós de náilon em loja de ferragens ou de bicicletas.
• Compre 30 cm de corda de náilon com 60 mm de espessura e corte em dois pedaços de 15 cm.
• Use um par de palmares ou corte dois remos de plexiglass (60 mm de espessura) de 10 cm por 15 cm cada.

Como fazer

• Faça furos de 60 mm nos remos, numa altura de 5 centímetros, com 2 centímetros de profundidade (dois furos, um em cada ponta do remo). Faça um nó na corda de 30 cm e passe-a por um dos furos. Passe a outra ponta pelo outro furo e dê outro nó. Repita com o outro remo.
• Pegue a mangueira de 1,80 m e prenda cada ponta num remo, sobrepondo 2,5 cm da mangueira no meio do laço da corda e prendendo com o nó de náilon.

Como usar seu novo treinador

Pegue um banco de levantar pesos e ponha um lado num objeto de 6 a 12 centímetros (por exemplo, um bloco de madeira). Este permitirá que você se deite sobre o estômago com a cabeça mais alta que os pés. Procure um objeto seguro e vertical em volta do qual colocar a combinação de remo e mangueira. (Se não puder conseguir um banco, debruce-se até a cintura para simular que está deitado; isso funciona bem na borda da piscina, com a escada como objeto estacionário.) Coloque-se longe o suficiente da trave, de modo que não haja folga na mangueira quando seus braços se esticarem para a frente. Execute conjuntos de flexão do cotovelo e movimentos de puxada (adução), concentrando-se na forma. Vá devagar no começo de cada movimento e acelere quando puxar para trás. Certifique-se de que seu primeiro movimento seja de curvar o cotovelo — isso maximiza o envolvimento do dorsal. Faça três conjuntos de 30 cada (flexão do cotovelo e puxada [adução]) de maneira correta e aumente as repetições até atingir 100.

À medida que progride, você pode se movimentar para mais longe, o que aumenta a resistência. No treinador, é fácil ver se a sua técnica está correta. Volte ao capítulo 2 para rever a flexão do cotovelo e as fases de puxada do ciclo do braço. Essa forma de treino de força é altamente eficaz porque você trabalha com técnica e força ao mesmo tempo. Assim como em todos os treinos de força, faça um intervalo de 48 horas entre as sessões para ter certeza de que seus músculos possam se recuperar. O treino de força causa microfissuras nos músculos e eles precisam de tempo para se recuperar. Forçá-los novamente sem um intervalo de tempo de 48 horas para recuperação pode enfraquecê-los.

Aviso: Tenha extremo cuidado quando usar mangueira cirúrgica e extensores. Uma vez que existe a possibilidade de as mangueiras estalarem, use uma proteção ocular e inspecione a mangueira antes e depois de cada uso.

APÊNDICE C

SUGESTÕES DE LEITURA

Livros

Balch, James & Balch, Phyllis, *Prescription for Nutritional Healing*. Avery Publishing, 1992. Uma ótima fonte de respostas a todas as perguntas técnicas sobre nutrição.

Chambliss, Daniel F. *Champions: The Making of Olympic Swimmers*. William Morrow & Company, 1988. Um excelente livro que descreve o alto nível de disciplina na classe mundial de natação. Fornece ao leitor uma visão detalhada do programa de natação de Mission Viejo e de outros programas de grande distância dos anos 1970 e 1980 que levaram a quedas incríveis nos tempos recordes mundiais.

Chavoor, Sherman. *The 50-Meter Jungle*. Coward, McCann, Geoghegan, Inc., 1973. Atrás dos bastidores do maior nadador de todos os tempos, Mark Spitz, e o que é preciso para ser um campeão.

Counsilman, James. *The Complete Book of Swimming*. Atheneum, 1979. Do homem que tirou a natação da idade média com seu livro de 1968, *The Science os Swimming* (Prentice Hall). "Doutor" Counsilman extravaza amor à natação a cada frase. Embora tenha quase vinte anos de idade, este livro tem partes interessantes sobre aprender a nadar e sobre as braçadas úteis (nado elementar de costas e de lado).

Fahey, Thomas D. *Basic Training for Men and Women*. 2. ed. Mayfield Publishers, 1993. Um bom livro para mostrar as várias maneiras de trabalhar os músculos com pesos e máquinas.

Gallagher, Harry. *Harry Gallagher on Swimming*. Pelham Books, 1970. Livro antigo com excelentes princípios eternos e história. Harry Gallagher foi um dos melhores treinadores da Austrália.

Haas, Robert. *Eat to Win and Eat to Succeed*. Signet 1983, 1986. Dicas sobre nutrição e o atleta. Boa abordagem para atingir o equilíbrio em termos de dieta.

Mattes, Aaron. *Active and Assistive Isolated Stretching*. Published by Aaron Mattes, 2828 Clark Road, Sarrasota, Florida 34231. Esse é um livro pioneiro em treinamento de flexibilidade e força. A academia de Aaron na Florida é um lugar a ser considerado quando se procura tratamento para as lesões e para o máximo desempenho atlético.

Ryan, Frank. *Butterfly Swimming, Backstroke Swimming* e *Breaststroke Swimming*. The Viking Press, 1974. Três livros excelentes para o iniciante. Um pouco da técnica apresentada está ultrapassado para competições, mas os princípios básicos estão todos aqui.

Sprawson, Charles. *Haunts of the Black Masseur: The Swimmer as Hero*. Pantheon Books, 1992. Esse livro aborda o lado ultra-esotérico da natação. O que a natação tem representado para pessoas de diferentes culturas, com histórias interessantes sobre a relação de Tennessee Williams e Scott Fitzgerald com a água. Leitura muito interessante.

Whittin, Philip. *The Complete Book of Swimming*. Random House, 1994. Livro atualizado sobre natação com um excelente apêndice que inclui recordes de grupos mundiais por idade e de masters.

Publicações

Fitness Swimmer
Rodale Press
33 East Minor Street
Emmaus, PA 18049
(610) 967-8281
Essa publicação é dedicada ao nadador de fitness.

Inside Triathlon
Inside Communications
1830 North 55th Street
Boulder, CO 80301
(303) 440-0601
Uma publicação informativa sobre triatlon com vários artigos sobre treinamento.

Swim, Swimming World, and *Swimming Technique*
Sports Publication, Inc.
228 Nevada Street
El Segundo, CA 90245
(310) 607-9956
Três revistas distintas publicadas para públicos ligeiramente diferentes; *Swim* é basicamente para masters e nadadores de fitness; *Swimming World* é para competidores por grupo de idade e de nível nacional, e *Swimming Technique* é para técnicos e treinadores.

Swimming Times
Harold Fern House
Derby Square
Loughborough
Leicestershire LE11 0AL
England
(01509) 234433

Triathlete Magazine
W. Publishing Group, Inc.
121 Second Street
San Francisco, CA 94105
(415) 777-6939
Uma publicação em papel brilhante, lançada nos Estados Unidos, na França e na Alemanha.

220 Magazine
Newstead Press
P.O. Box 613
Swindon, SN1 4TA England
(1793) 533713
5835 Avenida Encinas, Suite 127
Carlsbad, CA 92008
(619) 031-1501
Uma publicação sobre triatlon em papel brilhante, cobrindo os locais de corridas da Inglaterra, da Europa e dos Estados Unidos.

Catálogos

Energetics
1187 Coast Village Road, 1-280
Santa Barbara, CA 93108
(800) 366-5924
Catálogo geral de fitness e saúde.

The Swim Zone
918 4th Street North
St. Petersburg, FL 33701
(800) 329-0013
(813) 822-SWIM
Catálogo de roupas de natação.

World Wide Aquatics
10500 University Center Drive, Suite 250
Tampa, FL 33612
(800) 726-1530
(813) 972-0818
Catálogo de roupas de natação.

APÊNDICE D

ORGANIZAÇÕES

Nos Estados Unidos

Tri-Fed
P.O. Box 15820
Colorado Springs, CO 80935
(719) 597-9090
Instituição governamental nacional para triatlons. Muitas corridas exigem que você seja afiliado.

United States Swimming
1750 East Boulder Street
Colorado Springs, CO 80909
(719) 578-4578
Instituição governamental nacional para nadadores sênior, grupo por idade e olímpicos.

US Masters
2nd Peter Avenue
Rutland, MA 01543
(508) 886-6631
Instituição governamental para natação de masters, a partir de 19 anos de idade.

Fora dos Estados Unidos

Amateur Swimming Federation of Great Britain (inclui Masters)
Harold Fein House
Derby Square
Loughborough, England LE11 OAL
(01509) 230431

Aussie Masters Swim Inc.
P.O. Box 207
Cowan Dilla, Australia SA5033
(08) 3441217

Australia Swimming Inc.
ACT Sports House, Rm. 7
Maitland Street
Hackett, Australia ACT2602
(06) 2573255

Masters National Office
C/o Jackie Spry
Box 526
Elmsdale, Nova Scotia BONIMO
(902) 883-8833]

Swimming Canada
1600 James Maismith, Suite 503
Gloucester, Ontario KIB5N4
(613) 748-5673

No Brasil

Associação Brasileira de Masters de Natação
www.abmn.org.br
Contém informações, resultados, calendário, rankings e recordes de competições, além de artigos sobre alimentação e saúde.

Confederação Brasileira de Desportos Aquáticos
www.cbda.org.br
No link Natação, há notícias, regulamentos, boletins e índices, além de resultados, recordes e calendário das competições.